ALBAN DUBET

LES HALLUCINATIONS

ÉTUDE SYNTHÉTIQUE

DES ETATS PHYSIOLOGIQUES ET PSYCHOLOGIQUES

DE LA VEILLE

DU SOMMEIL NATUREL ET MAGNÉTIQUE

DE LA MÉDIUMNITÉ ET DU MAGISME

Prix : 2 Francs

LIBRAIRIE DU MAGNÉTISME

23, RUE SAINT-MERRI, 23

PARIS

Syndicat de la Presse spiritualiste de France

Extrait des statuts :

ART. Iᵉʳ. — Une association est fondée à Paris, sous le titre de *Syndicat de la Presse spiritualiste de France,* dans le but de resserrer les liens de confraternité et de solidarité qui existent entre tous les membres d'une même corporation et tous les écrivains ou publicistes spiritualistes de France, quel que soit leur genre, scientifique, moral ou littéraire, de les protéger et les encourager dans les circonstances difficiles de la vie professionnelle, de répandre les idées spiritualistes, sans distinction d'écoles, de doctrines ou de croyances, chaque directeur ou rédacteur de journaux et chaque écrivain CONSERVANT SON ENTIÈRE INDÉPENDANCE.

Le siège social est *à Paris, 23, rue Saint-Merri.*

Tous les écrivains spiritualistes qui ont à cœur le relèvement moral de l'Humanité et qui comprennent l'union voudront faire partie du Syndicat.

S'adresser pour tous renseignements au Président ou au Secrétaire général, 23, rue Saint-Merri, Paris.

Journal du Magnétisme et de la Psychologie

Revue bi-mensuelle (à partir du 5 décembre 1898)

Directeur : H. DURVILLE

Rédacteur en chef : ALBAN DUBET

Abonnement : 10 fr. par an.

Administration et rédaction : *Paris, 23, rue Saint-Merri, Paris*

LES HALLUCINATIONS

ÉTUDE SYNTHÉTIQUE

ALBAN DUBET

LES HALLUCINATIONS

ÉTUDE SYNTHÉTIQUE

DES ETATS PHYSIOLOGIQUES ET PSYCHOLOGIQUES

DE LA VEILLE

DU SOMMEIL NATUREL ET MAGNÉTIQUE

DE LA MÉDIUMNITÉ ET DU MAGISME

LIBRAIRIE DU MAGNÉTISME

PARIS — 23, RUE SAINT-MERRI, 23 — PARIS

La théorie de l'*Hallucination* que nous offrons au public qui pense et qui veut des idées en place de mots, une explication rationnelle de *tous les faits* qui se lient et s'enchaînent, en place de systèmes conçus à des points de vue particuliers, repose sur l'observation expérimentale.

La synthèse des grandes traditions de l'Inde, de l'Egypte, du Judaïsme, de la Grèce et du Christianisme est enfin pressentie. Les expériences psychologiques contemporaines nous révèlent l'homme tel qu'il est, tel qu'il fut compris par l'ésotérisme hindou, kabbaliste, christique.

De Boudha, de Confucius, de Zoroastre, d'Hermès, d'Orphée, de Numa, personnalités ou mythes, mais en tous cas pensées vivantes de l'Humanité, les Védas, Pythagore, Platon, l'Ecole d'Alexandrie, les Alchimistes du Moyen-Age qui ne furent pas pour la plupart des rêveurs, mais des savants, ainsi que l'a démontré Berthelot, nous ont conservé et transmis la Science-Synthèse.

De nos jours, Mme Blavatsky, Louis Lucas, Barlet, Dr Papus, etc., ont soulevé le voile épais qui nous dérobait l'intelligence des grandes vérités contenues dans les livres antiques.

Nous entrevoyons que la Science intégrale,

comme l'Humanité-Une, n'a pas eu d'interruption, mais seulement des occultations passagères.

Le Christianisme n'est que l'épanouissement de cette Science intégrale, bien que voilée encore en partie. La Science intégrale est la Religion des Religions, celle qui unit tous les êtres, tous les faits dans une même Harmonie.

Etudier l'hallucination, c'est étudier l'homme dans ses manifestations psychiques, psycho-sensorielles et sensorielles, en s'appuyant sur l'expérimentation et sur le raisonnement inductif et analogique. Veille, sommeil, pensée, désir, sensation, rêve, automatisme, volonté, qu'est-ce que tout cela ? N'y voit-on pas des états successifs ou alternatifs déterminés soit subjectivement, soit objectivement par une *force* dont la *qualité* et la *quantité* varient ?

Quelle est donc cette *force* ?

C'est ce qu'ont étudié expérimentalement, bien qu'à des points de vue différents, Charcot, le Dr Azam, Dr Baraduc, Dr Luys, Dr Papus, D^r Ch. Richet, W. Croockes, Aksakoff, De Rochas, Dr Bérillon, Dr Liébeault, Durville, G. Delanne, etc., etc.

C'est sur les expériences de ces savants et de ces chercheurs indépendants que nous avons étayé notre théorie.

Il en ressort que l'homme est *double* ; que toutes ses cellules *physiques*, c'est-à-dire qui tombent sous les sens, sont animées par leurs *doubles éthérisés*, soit pendant la veille, soit pendant le sommeil ; que l'homme rayonne ses sensations, ses émotions, ses pensées, et que ces diverses impressions peuvent être ressenties par d'autres hommes ; que ce rayonnement n'est pas une simple abstraction, mais une réalité ; qu'en effet les expériences de suggestion, de magnétisme, d'extériorisation de la sensibilité et de la motricité prouvent que c'est une substantialité vivante, qui sent, et qui pense, indépendamment du corps.

Il ressort des expériences médiumniques que l'homme peut être mis en communication non seulement avec d'autres hommes, par la pensée, mais encore avec des entités tout aussi vivantes, tout aussi réelles que l'âme humaine.

Les phénomènes d'apports, de matérialisations, de lévitation, d'apparition, etc., ont été constatés scientifiquement.

Tout cela était connu de la plus haute antiquité, et bien d'autres choses encore que nous commençons à soupçonner. Nous ne faisons donc que reprendre la science de l'âme que nous étudions avec la méthode et les procédés modernes.

Que le lecteur juge notre travail sans parti-pris et qu'il dise ensuite, en toute conscience, si le *double organique* n'est pas suffisamment démontré tant par l'expérimentation que par le raisonnement, s'il n'est pas une réalité nécessaire et logique, qui rend compte de tous les faits.

LES HALLUCINATIONS

ÉTUDE SYNTHÉTIQUE

CHAPITRE I

CONSIDÉRATIONS GÉNÉRALES

I

De l'état psycho-physiologique en général

Jusqu'à Brierre de Boismont, tous les auteurs qui ont traité de l'hallucination n'ont donné que des formules vagues et des définitions incomplètes, sinon tout à fait fausses.

Les phénomènes du rêve et du sommeil ont été diversement compris et interprétés suivant qu'ils ont été étudiés par des physiologistes ou des psychologues. C'est ce qui a fait dire à Pierre Leroux : « Si je demande au physiologiste en quoi consiste le sommeil, il me renvoie immédiatement à l'âme, puisque, suivant lui, le corps ne présente d'autres phénomènes qu'une diminution de l'état de veille.

1.

Si je m'adresse au psychologue, c'est tout l'inverse. Il me renvoie au corps, il ne veut pas entendre que son âme dorme.»

Puis il met les savants d'accord, en ajoutant :

« L'être qui est en nous n'est ni pensée ni matière; en d'autres termes, les idées que nous nous faisons de la pensée et de la matière, comme si la pensée et la matière existaient quelque part telles que nous les concevons, ne sont que chimères et illusions ; il n'y a nulle part ni pensée pure ni matière pure.»

Pierre Leroux était un philosophe et un penseur, plutôt rêveur ; mais quel fond de vérité dans ces dernières paroles !

Les faits relativement récents que l'expérimentation contemporaine a mis en lumière nous mettront sur la voie. Nous sommes loin sans doute d'avoir épuisé la série des faits, nous ne savons pas tout, même et surtout dans le domaine restreint de l'expérimentation. Néanmoins, avec le peu que nous savons, nous pouvons, dès à présent, tenter avec succès de formuler une théorie qui ne sera pas en contradiction avec les faits ni l'observation.

L'hypothèse est toujours permise ; elle est même quelquefois nécessaire ; car elle mène souvent à des découvertes qui n'auront besoin, pour être acceptées, que du contrôle scientifique et expérimental.

Celui qui fait des hypothèses doit s'appuyer d'abord sur les faits acquis et posséder ensuite le sens intuitif par lequel il sondera, pour ainsi dire, l'avenir qui lui dira si des faits déjà observés, les faits à observer ne viendront pas le contredire.

Avant de définir l'hallucination, il est nécessaire, essentiel, d'avoir une idée nette de ce qu'est la *veille* et de ce qu'est le *sommeil*. Après cela nous dirons quelques mots sur la folie et sur la condition de l'homme dans la nature.

Ces préliminaires nous paraissent indispensables pour l'intelligence de notre étude.

La *veille* est l'état de l'être, quel qu'il soit, qui est en pleine possession de ses propriétés (s'il s'agit du minéral et de la plante) ou qui peut disposer de ses sens et de ses facultés (s'il s'agit de l'animal et de l'homme).

Dans les affections organiques ou mentales, on est toujours en possession de ses sens et de ses facultés, mais on n'en a pas toujours la libre disposition.

Il va paraître étrange, pour beaucoup, que nous parlions de veille et de sommeil, en ce qui concerne le minéral. Pourquoi ? Qu'on y réfléchisse et cela paraîtra moins étrange. Au reste, il ne s'agit ici que de l'homme. N'appliquons notre définition qu'à l'homme.

Tel homme paraît veiller qui n'est souvent que dans un engourdissement partiel. Pour l'homme vraiment éveillé, il faut que toutes les facultés soient prêtes à obéir à sa volonté, que toutes les fonctions de son organisme possèdent leur libre et entier exercice.

Le *sommeil* est l'état de l'être qui n'est en possession que d'une partie de ses propriétés (s'il s'agit du minéral et de la plante) ou qui ne dispose que d'une partie de lui-même, de ses sens et de ses facultés (s'il s'agit de l'animal et de l'homme) ou qui ne dispose que de ses facultés seulement ou d'une partie de ses facultés sensorielles et pensantes.

Il y a cette différence avec l'état pathologique et la folie, c'est que, dans ces états, il ne peut jamais disposer de certaines facultés ou de toutes les facultés, parce qu'il y a dérangement dans l'appareil nerveux ou organique, au lieu que, dans le sommeil non morbide, l'ordre est toujours conservé.

Il y a divers degrés de veille, comme il y a divers degrés de sommeil.

Dans la veille, par exemple, l'attention soutenue sur un objet libère les autres facultés, ainsi que les sens.

Dans le sommeil léger, le bruit est perçu vaguement, les sens sont encore susceptibles d'être impressionnés et les facultés sont engourdies.

Dans le sommeil profond, les sens sont au contraire annihilés, alors que les facultés, certaines facultés, sont mises en jeu.

Un mot sur la cause physiologique du sommeil. Il s'agit du mécanisme simplement.

On sait que le cervelet est divisé en trois parties qui comprennent :

1° Le pédoncule cérébelleux inférieur ;

2° Le pédoncule supérieur ;

3° Le pédoncule moyen qui sert de trait d'union aux deux premiers.

A l'état de veille, le pédoncule supérieur fonctionne de concert avec les autres qui lui amènent de la force nerveuse C'est dans le pédoncule supérieur que s'use le fluide nerveux utilisé au travail de la pensée, pensée qui va s'achever et se perfectionner dans les centres cérébraux reliés eux-mêmes au cervelet.

A l'état de sommeil, c'est le contraire qu'on observe. Et voici ce qui se passe.

Le cervelet ou plutôt la partie supérieure du cervelet a usé sa provision de fluide nerveux. Ne pouvant plus en donner, il va cesser ses fonctions ; le pédoncule inférieur va cesser de renvoyer de la force au cervelet, parce que les plexus eux-mêmes sont épuisés. Il y a interruption dans cette circulation de bas en haut.

Le cervelet, au moyen du pédoncule supérieur, va puiser dans le réservoir de la nature les fluides nécessaires ; il va s'en charger et en envoyer dans les plexus. Quand il y en aura en suffisante quantité, le sommeil cessera.

Cette explication n'est pas encore admise officiellement. Le rôle du cervelet est à peine connu, comme bien d'autres choses.

C'est le Dr Luys qui, le premier, croyons-nous, a émis cette théorie, théorie que l'observation tend de plus en plus à justifier.

C'est là, nous le répétons, le mécanisme physiologique. Il nous intéresse jusqu'à un certain point.

Au point de vue psychique, ce n'est que l'effet ; mais l'effet bien étudié et bien compris peut jeter des clartés sur la cause.

L'homme qui a besoin de dormir est donc celui

qui a besoin de forces nouvelles, c'est chose entendue.

Maintenant, voyons l'état psychique. Que devient la pensée, que devient l'âme ?

Entendons-nous d'abord. Pour nous l'homme est complexe. Il a un corps, une âme et un esprit qui, chacun d'eux, sont également complexes. Il a en outre un corps astral ou périsprit, sorte de trame sur laquelle évoluent les puissances de l'être.

L'âme est une partie de l'esprit et du corps éthérisé : c'est le *moi* sentant, pensant et voulant : c'est le *conscient*.

Le corps astral nommé à tort l'*inconscient* n'est autre chose que le lien. L'*inconscient* est une portion de l'âme, la portion animale, inférieure, qui ne connaît que le caprice, qui est essentiellement inconstante et qui ne fait que répéter machinalement ce que les sens lui révèlent ou ce que la volonté lui abandonne.

Notons que l'homme a pour limites en bas : le corps pénétré par l'inconscient ou mieux le *sub-conscient* inférieur, et en haut : l'esprit pur ou *atma*, qui est encore nommé l'*inconscient supérieur*. Entre les deux, flotte l'âme proprement dite, le *moi*.

L'esprit ou atma est une matière ou fluide dont les vibrations ne sont accessibles qu'à l'âme dégagée plus ou moins des organes. Le corps, c'est la matière dont les vibrations sont accessibles aux sens.

L'animal (laissons de côté les autres êtres auxquels on pourra appliquer ces données par analogie) ou l'homme considéré comme organisme est un composé de cellules, êtres vivants.

Les cellules sont groupées suivant leur affinité, disons leur sympathie, et forment des collectivités (cellules sanguines, nerveuses, etc.) Elles ont leurs fonctions, et leur but (nous allions dire leur devoir), consiste à assurer le bien-être de la collectivité à laquelle elles appartiennent et, ce faisant, celui de l'ensemble des collectivités, de l'organisme entier dont elles dépendent.

Chaque organe est une collectivité de cellules chargées du soin de cet organe ; cet organe, pris dans son ensemble, est lui-même un être collectif ; de même que l'animal est un composé d'organes et est un être collectif.

Qu'est-ce que la vie, vie soit de la cellule, soit de l'organe, soit de l'animal ?

C'est d'abord le mouvement, mais le mouvement dans un but déterminé, fatal : la conservation de l'être. C'est ensuite la pensée : la pensée de la cellule est le mouvement intérieur, le travail intime par lequel elle accomplit sa destinée. Le travail des cellules est inconscient par rapport au *moi* ; mais pour la cellule, par rapport aux cellules entre elles, et dans leur sphère d'action, il est conscient. La cellule est un être qui se meut, qui sent et qui pense. Sa conscience, s'il est permis de s'exprimer ainsi, est fatale, c'est-à-dire ne sait ni ne veut librement ; elle n'est apte qu'à remplir sa mission ; en un mot, elle ne conçoit pas, elle n'a pas d'idée.

Si nous nous attachons à vouloir que la cellule possède une pensée, une conscience *sui generis*, c'est que cette hypothèse va se vérifier.

L'organisme est donc un compsé d'êtres vivants agissant dans un but déterminé : la santé, l'harmonie organique.

II
L'homme éveillé

L'homme éveillé peut être envisagé sous trois aspects ou trois états :

1er état. — Inaction physique, psycho-physique et intellectuelle.

2e état.— Action physique, inaction psycho-physique et intellectuelle.

3e état.— Action intellectuelle, inaction physique et psycho-physique.

1er *État*

L'homme n'agit pas et il ne pense pas ou plutôt sa pensée est errante. Telle une barque qu'on laisse aller au gré des vents et des flots. L'attention n'est sollicitée par rien ; la volonté est annihilée. Nous retrouverons dans cet état l'analogue du premier sommeil ou de l'assoupissement. Mais il faut encore décomposer cet état et nous trouvons deux divisions:

A.— L'homme laisse ses sens ouverts à toutes les impressions venant du monde extérieur.

B. — Il les ferme à toute impression du dehors.

Dans l'état A, les organes des sens seront continuellement affectés ; l'œil, l'oreille, etc., sont impressionnés. La sensation se produit et agit sur l'appareil nerveux ; les cellules transmettent aux centres les sensations qui parviendront jusqu'au cerveau ou seulement au prochain plexus. Ces sensations, suivant leur origine, sont perçues sous forme d'image, de son, d'odeur, etc. Les cellules n'en retiennent que les modalités ou impressions caractéristiques : ces impressions, elles les emmagasinent ; le cerveau, chargé de les recueillir et, après une élaboration à travers les fibres nerveuses, de les transformer en idées, est pour le moment inactif, comme nous l'avons dit. Il laisse passer les formes, les sensations, imagées, colorées, sonores, etc., sans fixer l'attention sur elles.

Où est l'*ego* ? Dans le cerveau, repond-on. Qu'il soit là spécialement, qu'il y ait son siège, pendant la veille, c'est probable ; mais qu'il soit là ou ailleurs, il y a un fait, c'est qu'il est inactif. Il *dort* si l'on veut.

Dans l'état B l'homme ferme les yeux, les oreilles, etc. ; il s'abstrait pour ainsi dire. Mais rappelons-nous que ses facultés ne s'exercent pas. Il semble alors que le sommeil va venir ou qu'il est sollicité. Effectivement, cet état analogue à l'état auto-hypnotique ne peut durer longtemps. Ou bien l'homme va agir d'une façon ou d'une autre, ou bien il va tomber dans le sommeil. Il semble que l'âme se trouve dans un couloir sombre, d'où elle va chercher à s'échapper, soit par la porte des sens, en revenant au monde extérieur, soit par la porte ouverte sur le monde psychique, en refermant sur elle la première.

Cet instant est assez court pour qu'on puisse le négliger. Nous ne parlons pas de la somnolence, de cet état de rêverie qui n'est ni le sommeil ni la veille : en un mot, l'homme n'a qu'un passage à franchir, et il faut qu'il le franchisse rapidement.

2e *État*

L'homme exerce ses membres, il se livre à un travail musculaire ou aux jeux athlétiques. L'organisme seul s'agite. Pendant ces exercices plus ou moins violents, les sens continuent à être affectés. Les cellules reçoivent les impressions diverses et retiennent les formes ; mais ici, les organes locomoteurs et musculaires sont spécialement mis en jeu. Ce sont par conséquent les cellules de ces organes qui emmagasineront le plus de perception, le plus de *formes en mouvement*.

3e *État*

L'homme exerce son intelligence, ses facultés, telles que l'attention, le jugement, le raisonnement. L'imagination n'appartient pas à l'esprit : la volonté ne fait que puiser dans les sensations perçues, dans les images, dans les formes que l'organisme éthérisé a emmagasiné ici ou ailleurs.

Dans le cerveau, en ce moment en action, ces sensations vont se transformer en idées ; l'homme va essayer de *penser par lui-même*

Dans les états précédents, c'est son inconscient qui a fait tous les frais ; maintenant c'est l'*ego* ou le conscient qui *va donner*. L'inconscient va être inactif par rapport au *moi* ; il va dormir ; le conscient va travailler.

L'*ego* va puiser à deux sources : dans l'inconscient inférieur et dans ses couches plus ou moins profondes, sensorielles ou psycho-sensorielles, et encore dans l'inconscient supérieur, dans le monde des idéalités, des conceptions. Dans le premier cas, il décrira, raisonnera, jugera ; dans le second, il concevra, abstraira, idéalisera. Non que ces deux états soient absolument distincts ; ils fusionnent le plus souvent ; nous n'établissons cette classification que pour l'ordre.

L'*ego* placé entre ces deux mondes ira soit vers l'un, soit vers l'autre, suivant ses aptitudes. La raison devra toujours être son guide. Si elle est peu développée, l'*ego* se laissera entraîner soit par l'imagination et ses degrés divers, soit vers le concept idéal. Il y aura quelquefois rupture d'équilibre. Les deux extrêmes sont le sensualisme et le mysticisme. Et, à ce propos, on remarquera qu'ils se touchent, se confondent parfois, notamment quand l'homme a le sens génésique ou affectif trop développé relativement aux autres. L'intelligence sera ou mystique ou sensualiste. Il ne s'agit ici que du faux mysticisme, du mysticisme sensualiste qui n'a rien de commun avec la *mystique*.

Si l'intelligence est raisonnable, elle considérera les deux états de la vie humaine alternativement et, par le jugement et le raisonnement, parviendra à les saisir et les harmoniser. Mais quelle que soit sa tendance, dans son travail purement intellectuel, l'homme vivra, par suite de la tension de ses facultés, en dehors du monde extérieur. Les bruits, les couleurs, etc., ne seront perçus que par l'inconscient. Il y aura automatisme d'un côté et volonté de l'autre. L'homme absorbé par l'étude finira par automatiser les facultés qu'il aura mises en jeu, seule sa raison conservera ou devra conserver son indépendance et sa lucidité. Il y aura automatisme cérébral ou psychique. Quand la raison disparaît et se laisse étouffer par les autres facultés, l'automatisme est presque absolu. L'homme est atteint d'aliénation mentale.

III

L'homme endormi

Nous avons vu le mécanisme et les causes physiologiques du sommeil. L'organisme doit être revivifié : il va puiser des forces dans l'ambiance, dans l'atmosphère magnéto-vitale de la planète. Les facultés *propres* de l'être, volonté, attention, jugement vont cesser, *pour un moment,* de s'exercer.

Que va-t-il se passer ?

L'homme éveillé, qu'on excuse la trivialité de la comparaison, ressemble à un ruban enroulé sur lui-même. A mesure que le sommeil devient plus profond, le ruban se déroule de plus en plus. C'est d'abord *l'ego* qui s'échappe le premier avec ses

facultés propres, sauf à reprendre sa ensuite liberté
de mouvement ; puis l'àme, avec sa trame et ses degrés
divers, lentement, avec ses sensations, ses sentiments et ses formes emmagasinées. Mais la gradation est lente et le déroulement insensible. L'*ego*
assiste aux scènes du rêve.

On sait ce qui se passe dans le sommeil provoqué
soit par les procédés magnétiques et hypnotiques,
soit par la vertu de certaines subtances.

L'analogie peut être observée. Dans le sommeil
naturel, nous ne constaterons pas la catalepsie et les
divers états physiologiques, soit de suggestion, soit
de somnambulisme, voilà tout. Nous ne parlons,
bien entendu, que du sommeil naturel non morbide
ou anormal. Mais la gradation, en ce qui touche les
états plus ou moins profonds de l'hypnose, sera la
même.

1er *État*

ASSOUPISSEMENT

L'œil se ferme, l'oreille perçoit encore les bruits
du dehors, faiblement ; les autres sens sont à peu
près abolis.

Des images, des formes, passent lentement ou
rapidement à travers les couches optiques : c'est la
vue interne. A son tour, le sens de l'ouïe se ferme
au monde extérieur. Aussitôt des sons intérieurs
sont perçus. C'est l'inconscient qui se manifeste au
moi, et le moi assiste comme à une représentation
théâtrale. La conscience est encore lucide, le moi

peut secouer la torpeur qui envahit l'organisme et revenir à l'état de veille.

2° *État*

Dans l'état précédent, l'inconscient tend à se dégager des organes. Dans le deuxième état, il se dégage en partie, le moi s'efface presque entièrement. Les formes ne sont plus perçues dans leurs organes corporels internes, la représentation change de scène. L'inconscient est sorti ; mais, comme nous l'avons dit, il reste toujours rattaché à l'organisme, sans quoi ce serait la rupture complète, c'est-à-dire la mort.

Cet état est des plus complexes et des plus intéressants.

Les cellules organiques vont apporter à l'inconscient, vont déposer dans sa trame les matériaux ou formes qu'elles ont emmagasinées, et il va s'en emparer pour les combiner, les associer ou les sérier au gré de sa fantaisie. Alors l'*ego* assiste à différentes scènes ; c'est le rêve proprement dit.

L'*ego* restera-t-il constamment spectateur ? Le plus souvent, oui. Ici se pose cette question. Les facultés supérieures de l'être peuvent-elles s'exercer ? Interroger cent individus, quatre-vingt-dix-neuf vous répondront non. C'est que le sommeil, pour les quatre-vingt-dix-neuf, ne dépassera pas le second état, ou, s'il le dépasse, ils perdront à leur réveil tout souvenir de ce qui se sera passé dans les états supérieurs.

Tant que l'organisme est en contact immédiat

avec l'inconscient et celui-ci avec l'*ego*, les rêves affectent toutes les parties de l'être, et l'être en conserve le souvenir.

Mais que le ruban continue à se dérouler et l'*ego* emportera avec lui la partie la plus raréfiée, la plus ténue, la plus subtile de la trame; il assistera à un autre genre de représentation.

Le *moi* aura des songes; il les dirigera, il sera acteur, pendant que l'inconscient avec les parties inférieures continuera sa représentation. L'automatisme organique et l'automatisme psycho-organique ne cessera pas d'agir; mais le conscient l'abandonnera, il abandonnera un spectacle qui aura cessé de lui plaire. De cette façon, tout ce qui se passera en bas sera par lui ignoré.

Mais le conscient agira-t-il toujours ainsi et ne lui sera-t-il pas possible d'agir autrement ?

L'auteur anonyme de « l'Art de diriger ses rêves » a expérimenté sur lui-même. Son moi a pu, par suite d'un exercice continu et d'un entraînement suivi, parcourir les différentes scènes qui se sont déroulées devant lui, et cela à son gré. Il a gardé le souvenir de ses rêves, il les a notés, et il en a eu pleinement conscience. Il n'a pas pu changer les scènes, mais il a pu les parcourir comme il a voulu, aller de tel côté ou de tel autre, à sa fantaisie. Il a pu fixer son *attention* sur tel objet, l'en détourner pour la porter sur tel autre. C'est le moi se promenant dans les divers sites qui se présentent devant lui.

Que se passe-t-il pour que le souvenir des rêves puisse se conserver ?

C'est que l'organisme et le périsprit ou *double* ont été constamment maintenus en relation étroite par le moi. Pour que le cerveau puisse garder l'empreinte des scènes rêvées, il faut que les liens périspritaux ne soient pas trop relâchés. Le moi joue le rôle à la fois d'acteur, de spectateur et de *machiniste*.

3ᵉ *État*

Le conscient a rompu avec l'inconscient. Il vit d'une vie indépendante. Seul un lien très léger l'unit à l'organisme. Acteur et spectateur, il a déserté le théâtre et la scène, et il est parti pour des régions inconnues. Nous n'insisterons pas sur cet état pour le moment.

Constatons seulement que le sommeil est une série de *déroulements*. Si nous avons retenu et noté trois états, ce n'est pas à dire qu'ils soient nettement tranchés et qu'il n'y ait pas d'états intermédiaires. C'est plutôt pour les besoins de notre argumentation, c'est parce qu'ils servent de points de repère et qu'en somme ils donnent une idée de ce que sont les états intermédiaires.

Jetons un coup d'œil sur les phénomènes de l'hypnose ou sommeil provoqué.

On remarque trois états primordiaux :

L'état de suggestibilité simple ;

L'état cataleptique ;

L'état somnambulique.

L'extase et le terme ultime.

Il y a sans doute d'autres états, comme dans le sommeil naturel, et la transition n'est jamais brusque. Nous n'entrerons pas pour le moment dans les détails et les procédés en usage en hypnotisme ou en magnétisme. La digression nous entraînerait trop loin et elle serait inutile à notre thèse.

Dans le premier état, le sujet est entre deux mondes, le monde physique et le monde psychique, mais plus près du premier que du second ; il est analogue à l'assoupissement. La volonté s'exerce encore chez le sujet jusqu'à un certain point ; en tout cas, il peut secouer sa torpeur et se réveiller.

Dans l'état cataleptique, la volonté est à peu près annihilée ; la suggestion exerce tout son empire.

L'état somnambulique est complexe. La suggestion a rarement prise sur le sujet en somnambulisme. Dans sa première étape, le somnambule est encore, quoique bien faiblement, rattaché au monde extérieur ; il est sur le seuil du monde psychique, mais il est en rapport avec le magnétiseur ; il peut être également mis en rapport avec tout autre personne.

Dans sa deuxième étape, le somnambule devient *lucide*. Il peut lire dans le passé de chacun ; il est en plein dans le monde psychique. La suggestion n'est plus possible.

Le dernier état, l'*extase*, ferme entièrement à l'extatique le monde sensible. Il ne peut plus être mis en communication avec qui que soit ; le magnétiseur, les assistants lui sont complètement étrangers. Toute relation est rompue. Il est sous-entendu que cette rupture n'est jamais complète, tout comme dans le sommeil profond ; mais le lien qui retient l'extatique à l'organisme est tellement faible que, poussé plus loin ou trop prolongé, cet état se terminerait par la mort.

On a pu saisir l'analogie de ces divers états avec ceux du sommeil naturel. Dans les deux sommeils, on remarquera tout particulièrement les deux premiers états. Ce sont les seuls qui doivent attirer toute notre attention, parce qu'ils peuvent être observés et soumis à l'expérience *directe*.

La suggestibilité notamment éclairera merveilleusement le sujet. C'est dans les expériences de suggestion qu'on pourra se rendre compte de ce qui se passe dans l'âme humaine. Le sujet imite, voit, entend, est tout ce qu'on veut. C'est un instrument docile et admirable ; il fait ce que jamais il ne pourrait faire à l'état normal.

Nous croyons ces phénomènes suffisamment connus pour qu'il soit nécessaire d'insister. Retenons-les en passant.

IV

Considérations sur la folie et l'idiotisme

Les divers genres de folie connus sous la rubrique générale d'aliénation mentale, qu'on subdivise en délire partiel ou total, vésanie, manie, monomanie, se rattachent soit à des troubles organiques d'ordre sensoriel, soit à des troubles d'ordre psycho-sensoriel, soit à des troubles d'ordre psychique.

On aperçoit tout de suite notre division.

En principe, nous réserverons le nom de folie proprement dite aux troubles intellectuels.

Dans la folie d'ordre sensoriel, c'est l'organe ou les organes, suivant qu'un ou plusieurs sont lésés, qui fonctionnent mal. Les cellules de ces organes sont malades, et elles sont malades parce que des éléments *étrangers* ont pénétré chez elles. Soit par suite de lésion, soit par suite d'affaiblissement, les microbes, ces êtres du monde organique ambiant, sont semblables à l'animal qui cherche une proie.

Dès qu'elle se présente, ils se jettent dessus. Si les cellules n'ont pas la force de les expulser ou de se les assimiler, elles seront envahies et finalement absorbées ; la mort surviendra. Mais avant l'issue fatale, la lutte est souvent longue et surtout pénible. L'organisme rassemblera toutes ses forces, un organe fera appel à l'organe voisin et ainsi de suite. Pendant le temps employé à ce travail, que devient l'inconscient, que devient l'*Ego* ? L'inconscient fournira lui-même ses propres ressources ; l'*Ego*, par la souffrance qu'il ressentira, fixera son attention sur le travavail cellulaire ; il n'aura pas trop de tout son temps, de toute son énergie. D'autres fois, comme accablé, il restera inactif et laissera à l'inconscient tous ces soins.

Le cerveau, organe de la pensée, sera négligé ; il s'anémiera. D'où le délire. Les images envoyées par les cellules ne seront plus que tronquées ; dans la bataille, en effet, des cellules meurent en grand nombre à la fois, et les sensations emmagasinées s'échappent à flots presssés vers le cerveau qui ne peut s'en emparer pour les sélecter et les transformer en idées.

C'est ainsi que le délire n'est que l'état de fièvre avec ou sans intermittence.

Que le système nerveux du grand sympathique ou cérébro-spinal vienne à être lésé, la transmission des sensations subira un arrêt ou une déviation, le cerveau ne percevra qu'imparfaitement, et par suite divaguera, c'est-à-dire qu'il n'appréciera plus sainement soit la sensation elle-même, soit l'objet perçu.

Il s'agit là de faits sensoriels et psycho-sensoriels.

Voyons le fait psychique.

Aucune lésion apparente soit du cerveau soit des autres organes n'est constatée. L'état physiologique est sain, normal.

Subitement, sous le coup d'une émotion, d'un travail intellectuel intense, d'une idée fixe, idée suggérée soit directement par les sensations, soit indirectement par la réflexion, l'homme est atteint de folie. Que se passe-t-il ?

Qu'à la suite d'un choc moral, une lésion intervienne dans le cerveau, c'es possible ; mais alors cette lésion n'est que l'effet et non la cause. Les facultés ne sont pas toujours atteintes en même temps : ce serait la folie absolue, l'aliénation complète et finalement la mort. Sans doute le cas n'est pas très rare.

Le moi pensant est alors projeté au dehors, refoulé dans une impasse ; l'âme animale et organique fonctionne seule. Il y a deux êtres distincts dont l'un continuera à vivre normalement (organisme) et l'autre anormalement. Le moi est un étranger(alienus) qui a abandonné le corps. Toutes les idées proférées appartiennent à l'inconscient et cet incons. cient peut être à la merci de quiconque. Toutes les pensées suggérées sont saisies par lui et répétées automatiquement.

Une seule ou plusieurs facultés peuvent être atteintes : on a la folie partielle, la monomanie. L'homme peut raisonner sainement sur tout ce qui est étranger à l'affection, c'est la folie *raisonnante*, disent les savants. Disons, nous, que c'est la folie affective. Au contraire, l'intelligence pure, la raison, si l'on veut, est-elle atteinte, l'homme gardera ses *sentiments* intacts ; ses affections seront les mêmes et on ne s'apercevra pas des troubles intellectuels, tant que l'âme affective se manifestera seule. Mais que le malade en vienne à son *idée*, à l'idée fixe, la folie apparaît. Dans ces divers cas, l'homme est ou fasciné, ou obsédé, ou possédé par son idée, et cette idée est un être qui le poursuit et le harcèle. Telle est la folie intellectuelle.

Mais, dans tous les cas, ce ne sont pas les facultés, ce n'est pas l'intelligence qui est malade, mais plutôt l'organe direct, cerveau éthérisé, cerveau organique, cellules nerveuses et autres. Le moi a un instrument défectueux ou est devenu la proie d'êtres étrangers.

Les troubles sensoriels peuvent également accompagner, précéder ou suivre les troubles affectifs et intellectuels et alors la folie est mixte ou psycho-sensorielle.

Dans la folie d'ordre psychique ou psycho-sensoriel, les cellules affectives et pensantes sont en lutte avec les cellules sensorielles, en sorte que l'*ego* ne peut parvenir à les saisir et à les classer. Dans la folie d'ordre psychique pur, les cellules pensantes sont dans une agitation perpétuelle ; elles renvoient à l'*ego*, assailli par elles, une foule de pensées ; l'*ego* est semblable à un homme livré à une multitude furieuse qui veut le détruire.

Quant à l'imbécilité, d'idiotisme et le crétinisme, nous pensons, comme les savants, que ces états sont dus à un arrêt dans le développement des organes et du cerveau. L'âme ne peut se manifester avec un organe incomplet. Il y a cette différence avec la folie, c'est que l'âme tout entière n'a pu s'incorporer, alors que dans la folie, après avoir vécu en bonne harmonie avec l'organisme, elle s'en est échappée en partie.

Dans la folie d'origine sensorielle ou même psycho-sensorielle, les organes sont troublés et fonctionnent mal. Dans la folie d'origine psychique, les organes, tout d'abord sains, ne tardent pas à être affectés en thèse générale. La pensée ébranle l'édifice et l'édifice peut s'écrouler. D'où la mort, c'est-à-dire la libération des éléments qui composent l'être humain. Ce serait ici le cas d'entreprendre une excursion dans un autre domaine, le domaine psychique où l'âme supra-humaine continue à raisonner ou à... déraisonner. Les troubles psychiques, dont l'origine est sensorielle, pourront subsister un certain temps, probablement le temps de la décomposition du corps ; mais les troubles d'origine psychique pure devront très probablement se continuer bien plus longtemps, tant que l'idée ou l'affection possèdera l'être, tant que l'être ne parviendra pas à se débarrasser de l'idée ou affection. Ici la médication sera différente, sinon dans son essence, du moins dans son application.

Les effluves magnétiques et médicamenteux agissent dans les deux cas, chez l'homme vivant et chez l'homme *post mortem*. Joignez à ce traitement des pensées d'amour ; suggérez des idées contraires à celles qui obsèdent l'être, agissez suivant les cas qui ont déterminé la mort et vous obtiendrez la guérison, tout comme vous l'obtiendrez sur l'être vivant, sur la terre, à moins, dans ce dernier cas, que vous n'arriviez trop tard.

V

L'homme dans la nature

Jusqu'à présent, nous n'avons considéré que l'être *en soi*. Il est nécessaire de l'étudier dans sa vie de relation.

L'homme n'est pas seul ; il vit dans un milieu ; il est entouré d'êtres inanimés, animés et pensants. Il vit, sur la planète même, dans trois plans toujours directement reliés entre eux : les plans physique, affectif et intellectuel. Les règnes minéral et végétal l'affectent par leurs manifestations. Le climat, la température, ce qui constitue en somme la vie planétaire, ont sur lui une influence. Les autres hommes l'influencent également soit par leurs émanations corporelles et odiques, soit par leurs passions, soit par leurs pensées. De même qu'il y a une atmosphère aérienne commune, de même il y a une atmosphère magnétique et psychique commune. Il subira malgré lui l'influence de ces milieux. A lui d'acquérir, par l'exercice de sa volonté et de ses facultés, ce qui peut lui être bon et d'éviter ce qui lui est nuisible.

La foule, être collectif et éminemment impulsif, subit; l'homme supérieur commande; mais cet homme supérieur peut n'être supérieur que par la volonté, et la volonté peut ne s'exercer que dans le mal ou en vue du mal. D'où la suggestion sur les foules, sur les êtres faibles, d'où l'imitation, d'où l'entraînement soit vers le bien, soit vers le mal, soit vers la tyrannie, soit vers l'amour, soit vers l'ignorance, soit vers la science.

L'humanité est un être collectif qui a son âme collective dont certaines idées, comme les facultés, sont communes au genre humain. L'humanité se divise en races et chaque race a également son âme collective; la race se subdivise en nationalités et les nationalités en tribus ou provinces, les provinces en communes et les communes en familles pour aboutir à l'individu. Chacune de ces collectivités a son âme collective, ses idées, ses tendances, ses aptitudes particulières, sa mentalité, tout comme l'individu a son idiosyncrasie.

Suivant la plus ou moins grande facilité d'échange

et de communication entre elles, la tendance vers l'Unité sera plus ou moins accentuée, plus ou moins rapide.

Les idées se transmettent comme les maladies. Les maladies se transmettent par la contagion, les idées par la parole, le geste, l'écriture, moyens connus. Mais elles se transmettent également par la pensée rayonnante, à distance, d'homme à homme, de race à race. Les cas de télépathie en sont un exemple.

Imaginons un homme possédant un organe vocal assez puissant pour se faire entendre de toute la terre. Imaginons-le encore comme possédant le don de persuasion ou de suggestion, il entraînera l'humanité.

Eh ! bien, cet homme se rencontre dans chaque tribu, quelquefois dans chaque nation, plus rarement dans une race. Son action ne s'exerce pas en raison de sa puissance vocale, mais en raison de sa puissance de pensée, de sa radiation psychique.

Toutes ces émanations sensorielles et phychiques viennent donc frapper constamment l'homme. Et de même que les cellules de l'organisme emmagasinent les images et les formes du monde extérieur, de même les cellules de l'âme pensante emmagasinent les idées émises et flottantes dans l'ambiance. De même qu'il y a une respiration aérienne, de même il y a une respiration psychique.

Pour la cellule, toute image, son, etc., est un être ; pour l'homme, toute image, son, etc., est également un être : toute pensée, toute passion, toute idée est un être. Par *être* nous n'entendons pas, évidemment, un organisme tel que nous le voyons dans la plante, l'animal, mais toute chose qu'on perçoit soit par les sens, soit par la pensée. L'objet matériel qui frappe les sens est homologue à l'objet psychique qui frappe l'esprit. Pour l'esprit, la pensée ou idée-forme est tout aussi réelle dans le domaine psychique que la matière pondérable dans le domaine physique.

Comme nous l'avons dit, il y a trois plans distincts sur lesquels se meut l'homme terrestre, et vouloir ne considérer comme *réel* que ce qui tombe sous les sens est contraire à la vérité, tellement que les expériences magnéto-hypnotiques et occultiques renversent une assertion aussi exclusive.

L'homme ne vit pas seulement au milieu de ses semblables, entouré des êtres des règnes minéral, végétal et animal. Il n'est pas seulement influencé par ces causes *visibles*. Des êtres d'un autre ordre, vivant dans d'autres plans, l'entourent, le pénètrent ; il doit en subir le contact. Ces formes, ces images, ces êtres analogues à ceux du plan physique, les âmes des désincarnés, une partie tout au moins, sont un monde qu'il coudoie, dont il subit, sans qu'il s'en doute et sans qu'il le veuille le plus souvent, les influences diverses. Ces formes, ces êtres, pourront être perçus soit à l'état de sommeil naturel ou somnambulique, soit encore à l'état de veille et, dans ce dernier état, par les sens psychiques. Ces êtres pourront même, dans certaines conditions, apparaître aux sens externes. Les expériences l'ont surabondamment démontré. Nous n'en parlons que pour mémoire.

Les savants officiels traitent tout cela de rôverie et de fantasmagorie, digne tout au plus d'amuser les badauds. Nous verrons, en traitant des hallucinations, combien tous ces faits concourent à l'explication rationnelle de l'hallucination et des états plus ou moins hallucinatoires soit du sommeil, soit de la veille.

VI

Exposé des opinions

Il n'est pas inutile, avant d'entrer au cœur de la question, d'examiner rapidement les diverses définitions auxquelles l'hallucination a donné lieu.

Il ressort de cet examen que l'hallucination est le plus souvent un symptôme pathologique, le prodrome de la folie ; mais il en ressort surtout ceci : la confusion, la logomachie et l'obscurité.

Suivant *Crichton*, l'hallucination est une erreur de l'esprit dans laquelle les idées sont prises pour des réalités et les objets réels sont faussement représentés, *sans qu'il existe* un dérangement général des facultés intellectuelles.

Ferriar la définit simplement toute impression trompeuse.

Il ne se compromet pas ; il est vrai qu'il ne dit rien.

D'après *Hilbert*, les hallucinations sont des

idées et souvenirs dont la vivacité l'emporte sur les impressions actuelles.

A ce compte, combien d'hallucinés !

Esquirol dit qu'elles proviennent *uniquement* d'une lésion particulière et INCONNUE du cerveau.

Autant vaut dire qu'il ne sait rien.

Pour *Calmeil*, ce sont des *idées* que l'homme convertit en impressions *matérielles* et qu'il rapporte à une action des sens extérieurs.

Pour *Lelut*, l'hallucination est un phénomène intermédiaire à la sensation et à la conception ; c'est une transformation spontanée de la pensée en sensations le plus souvent externes.

Comprend-on ?

D'après *Blaud*, elle ne saurait être une transformation de la pensée, PUISQUE la pensée immatérielle par sa nature *n'a pas de forme*, ne peut par conséquent se transformer et devenir matérielle comme la sensation, considérée dans l'impulsion qui la produit.

Pensée qui n'a pas de forme, sensation matérielle, impulsion qui produit une sensation !

Leuret nous dit : « Entre la sensation et la conception, il y a un phénomène intermédiaire que les médecins appellent hallucination. Elle ressemble à la sensation en ce qu'elle donne l'idée d'un corps agissant actuellement sur les organes. Elle en diffère en ce qu'elle existe sans objet extérieur; elle est créatrice comme la conception ; mais ce ne sont pas des idées qu'elle produit, ce sont des images, images qui ont pour l'halluciné la même valeur que les objets. »

Il y a quelque chose dans cette définition, mais que d'obscurité !

Aubanel considère l'hallucination comme une forme ou variété d'aliénation mentale dans laquelle l'homme transforme en sensations les conceptions délirantes de son esprit et qui, en vertu de ces mêmes conceptions, dénature les sensations réelles en les assimilant aux idées de son délire.

Pour les uns, c'est un phénomène purement sensoriel ; pour d'autres, un phénomène purement intellectuel ; pour certains enfin, l'hallucination est due à la fois aux sens et à l'intelligence ; elle est dite psycho sensorielle.

Arrivons à Brierre de Boismont ; nous approchons de la lumière.

Il définit l'hallucination, la perception des signes sensibles de l'idée ; il la différencie de l'*illusion* qui n'est que l'appréciation fausse de sensations réelles. Il divise les hallucinations en dix sections :

1º Les hallucinations compatibles avec raison, comprenant soit un ou plusieurs sens, soit tous les sens ;

2º Les hallucinations simples qu'il nomme *folles par elles-mêmes* ;

3º Les hallucinations composées, folles aussi par elles-mêmes ;

4º Les hallucinations des maladies nerveuses ;

5º Celles de l'ivresse, des narcotiques, de l'intoxication ;

6° Celles du cauchemar et du rêve ;

7° Celles de l'extase ;

8° Celles des maladies fébriles ;

9° Les hallucinations épidémiques ;

10° Les hallucinations dans leur rapport avec l'illusion.

Avec cet auteur, nous pénétrons plus avant dans la vérité, et il nous aidera à dégager une théorie s'appuyant sur les résultats expérimentalement obtenus.

Comme l'hallucination se produit aussi bien à l'état de sommeil que de veille, il est utile de faire connaître ici l'opinion de nos savants sur le rêve.

Voici une poignée de pensées.

Cabanis. — « Nous avons quelquefois en songe des idées que nous n'avions jamais eues. L'esprit peut continuer ses recherches dans les songes... »

Alfred Maury. — « Les premières sensations du sommeil sont des hallucinations *hypnagogiques*. Le sommeil profond est vide de tout rêve... »

Albert Lemoine. — « La première période du sommeil qui suit l'assoupissement est *presque* toujours exempte de rêves. L'absence de tout souvenir n'est pas une preuve que nous n'avons pas rêvé. Il pourrait bien se faire que la profondeur du sommeil fût une circonstance aussi favorable aux songes et *plus* peut-être que la légèreté. »

Maine de Biran. — « Tous les songes doivent se ranger en quatre catégories, sans qu'il y en ait une seule qu'on ne doive rapporter à l'influence des organes, grâce à la concentration de la sensibilité dans l'un ou l'autre d'entre eux.

« Concentrée dans les organes intérieurs, foie, estomac, parties génitales, etc., elle produit les songes affectifs, le cauchemar; dans les extrémités cérébrales, dans les couches optique, acoustique, les visions, les sons; dans les profondeurs du cerveau, les songes intellectuels ».

Que pense-t-on maintenant du rôle de la volonté dans le sommeil?

Pour *Darwin*, la volonté est annihilée.

De même pour *Bertrand*. Pour lui, l'intelligence de l'homme qui s'endort s'appesantit et s'engourdit avec le corps.

Idem, *Boerhave*.

Au contraire, *Dugald-Stewart* nous dit que les efforts que nous faisons dans le sommeil et dont nous avons conscience, montrent assez que la faculté de vouloir n'est pas suspendue.

Cabanis et *Jouffroy* partagent cette opinion.

Citons l'auteur anonyme de « l'Art de diriger ses rêves ».

« De même, dit-il, qu'il y a, durant le sommeil, redoublement d'activité des forces vitales internes et *passives* du corps humain, favorisé par la suspension des forces *expansives* d'action, le même redoublement de puissance et d'intensité se développe dans ce que j'appellerais volontiers les forces passives intellectuelles, telles que la mémoire et l'imagination abandonnée à elle-même, tandis que, sensiblement affaiblies, l'attention et la volonté, ces forces *expansives* de l'âme, ne peuvent s'exercer sans effort. La mémoire et l'imagination seraient donc, comme les organes de la vie interne, infatigables. L'attention et la volonté, comme les organes de la vie expansive, auraient, seules, besoin de repos. »

Il faut se borner. Nous pensons en avoir assez dit pour qu'une nouvelle théorie de l'hallucination, basée sur les faits et l'observation, s'impose à tous ceux qui veulent des idées précises et ne se contentent pas de mots.

VII

Théorie de l'hallucination

Si l'on s'en tient à l'étymologie, le mot *hallucination* signifie *erreur de l'esprit*; mais nous en élargirons le sens en le précisant.

Il est certain qu'un mot nouveau eût été nécessaire. Nous n'osons créer une terminologie, non par crainte du néologisme, mais afin d'être compris par tous.

Avant tout, il est essentiel de ne pas confondre l'hallucination et l'illusion. L'illusion est l'état de l'homme qui, dans le monde physique, attribue à un objet, une forme qu'il n'a pas en réalité : c'est l'illusion des sens, illusion qui peut être rectifiée soit par le jugement, soit par tous les sens réunis. Elle est encore psychique ; elle consiste à donner à une pensée, à une idée, à un être supra-physique une forme, une expression ou un sens qu'ils n'ont pas en réalité. Elle peut être aussi psycho-sensorielle : c'est le cas de la personne qui, par suite d'une fausse direction de son attention et de ses sens, voit mal ou imparfaitement l'objet, lui attribue des qualités qu'il n'a pas et raisonne sur ces qualités comme si elles existaient réellement.

Dans la pensée commune, le mot hallucination est presque synonyme de folie passagère ; quant au mot *folie*, le vulgaire l'emploie à tort et à travers. C'est ainsi que tout homme qui n'a pas les idées généralement reçues sur tel ou tel objet passe facilement pour fou, mot auquel on substitue aussi celui de *toqué*.

C'est la théorie du *sens commun*, ainsi nommé parce qu'il est des plus rares.

Les savants ont confondu le plus souvent l'hallucination avec l'illusion. La première est, disent-ils, toute impression trompeuse, c'est l'état de l'homme qui croit voir ou entendre ce que les autres ne voient ni n'entendent. Le mot *trompeuse* ne signifie rien ici. Appliqué à l'illusion, il a un sens. L'illusion est trompeuse par elle-même ; l'étymologie l'indique. Enfin on a défini l'hallucination par l'illusion et *vice versa*.

Arrivons enfin à notre définition.

L'hallucination est la perception par l'individu ou la collectivité, soit sur le plan hyper-physique, soit dans le mental ou plan psychique des formes hyper-physiques des objets ou des formes de la pensée, ou encore la perception d'êtres générés et vivant dans ces même plans.

Il s'ensuit que l'hallucination est subjective (individuelle ou collective) ou objective (individuelle ou collective).

Par notre définition, on s'aperçoit tout de suite que la forme perçue est toujours *réelle* pour le percipient. Il se peut, on le comprendra aisément, que l'hallucination se complique, dans certains cas, d'illusion, quand, par exemple, on donne faussement à la forme perçue un aspect ou une signification ou encore une origine qu'elle n'a pas.

Toutes les hallucinations sont véridiques, c'est-à-dire que rien n'est abstrait ou métaphysique, si ce n'est la spéculation pure par laquelle s'exercent les facultés supérieures, telle que la volonté, l'attention, le raisonnement.

L'hallucination est, en somme, le fait perçu soit dans le plan organo-vital interne, soit dans le plan psycho-sensoriel, ou encore dans le plan psychique, soit subjectivement, soit objectivement.

On sait que la volonté exercée d'une personne, volonté unie à une grande puissance magnétique, peut rendre *visible* certains objets pensés. On peut soi-même, dans son mental, rendre pour ainsi dire *présent* au point de s'y tromper, quant au mode de manifestation, tel objet ou telle scène qu'on a vue. C'est avec une substance impondérable, mais réelle, l'agent magnétique, seul ou combiné avec le fluide universel, que l'esprit construit un objet. L'objet existe réellement en substance astrale. Que la puissance de réalisation soit suffisante et on compactera cet objet de telle façon qu'on le rendra visible et tangible, c'est-à-dire accessible aux sens externes.

Dans ce dernier cas, l'hallucination n'existe plus ; il suffit, pour le constater, de se servir d'instruments matériels qui contrôlent le fait.

Les expériences médianimiques, le dédoublement (ou extériorisation de la sensibilité et du mouvement), les matérialisations viennent appuyer notre thèse.

L'hallucination cesse dès que l'objet devient perceptible par les sens externes. Les hallucinations n'ont pas toutes la même origine et ne sont pas de même nature. Nous les classerons de la façon suivante :

A. *Hallucinations subjectives.* Elles sont individuelles ou collectives, normales ou morbides. Elles sont d'origines sensorielle, psycho-sensorielle et psychique.

B. *Hallucinations objectives.* Elles sont aussi individuelles ou collectives, normales ou morbides. Leur origine est également triple.

C. *Hallucinations télépathiques.*

Par hallucinations subjectives, nous entendons celles qui sont nées chez un individu ou une collectivité et subies par cet individu ou cette collectivité, sans le concours d'entités supraterrestres.

C'est l'activité des cellules sensorielles ou pensantes qui élaborent elles-mêmes les formes perçues d'abord extérieurement, puis mentalement ou encore perçues directement dans le plan mental.

Par hallucinations objectives, nous comprenons toutes celles qui sont produites par des entités étrangères à notre plan physique ou mental et qui sont subies par l'individu ou la collectivité.

Dans les hallucinations subjectives individuelles, c'est l'être lui-même qui puise consciemment ou non (et ici on pourrait créer une subdivision : hallucination *consciente* et *inconsciente*) dans sa propre substance sensoriale ou pensante pour faire apparaître à lui-même, dans son mental, ce qu'il désire ou ce qui l'occupe, et cela soit par lui-même, soit par l'intermédiaire d'êtres de même nature que lui.

Dans les hallucinations subjectives collectives, c'est la réunion effective ou un groupe de plusieurs personnes en communion d'idée, qui, par leur intention, leur désirs, leurs pensées communes, font apparaître à leur mental ce qu'elles désirent ou ce qui les occupe.

Dans les hallucinations objectives individuelles ou collectives, c'est : 1º la perception intime d'une entité étrangère à notre plan mental et physique, d'une entité astrale ; 2º la perception intime soit d'un fait proche ou éloigné d'ordre supra-physique, soit d'un fait proche ou éloigné d'ordre physique ou psychique émané de notre plan matériel et d'êtres vivants.

Dans ce dernier cas, l'hallucination est dite télépathique. Elle est quelquefois une simple transmission de pensée, sans vision ou autre perception interne.

Telles sont les définitions générales embrassant, dans une vue d'ensemble, tous les genres d'hallucinations.

Nous allons procéder maintenant à une classification méthodique des hallucinations que nous étudierons dans l'ordre suivant :

A Dans l'homme éveillé	**I** L'hallucination subjective individuelle : 1° normale ; 2° morbide.	**1.** Dans son origine sensorielle
B Dans l'homme endormi naturellement.	**II** L'hallucination subjective collective : 1° normale ; 2° morbide.	**2.** Dans son origine psycho-sensorielle
C Dans l'homme endormi artificiellement	**III** L'hallucination objective individuelle : 1° normale; 2° morbide. **IV** L'hallucination objective collective : 1° normale ; 2° morbide. **V** L'hallucination télépatique : 1° normale ; 2° morbide.	**3.** Dans son origine psychique.

MÉDIUMNITÉ. — MAGISME

3.

CHAPITRE II

L'HOMME ÉVEILLÉ

1

Hallucination subjective individuelle d'origine sensorielle.

1° *Normale.*

Nous prenons l'homme normal, c'est-à-dire dans un état de santé satisfaisante et dont l'organisme fonctionne normalement, en un mot l'homme équilibré.

Tous les sens subissent soit ensemble, soit séparément, l'action du monde extérieur. Les cellules reçoivent les impressions et les transmettent aux ganglions ou centres de la sensibilité, qui sont comme des réservoirs ; ceux-ci à leur tour les transmettent au cerveau qui les perçoit sous forme de sensations, mais en partie seulement, lorsque tous les sens agissent simultanément. Quand un ou deux sens sont spécialement exercés, dans un but d'analyse, les sensations sont immédiatement perçues par le cerveau dans lequel l'esprit les transforme en idées et la cellule nerveuse qui reçoit des autres cellules les sensations vient de fonctionner ; elle a vécu et à sa place se trouve une idée. Pendant ce temps, les autres cellules affectées aux autres sens ont continué à emmagasiner des perceptions ou conservent la mémoire des perceptions antérieures.

Que l'homme cesse le travail auquel collaborait soit la vue, soit l'ouïe, etc. et qu'il se remémore les autres sensations, aussitôt il perçoit mentalement ces sensations. Un exemple : Je vois une liqueur que j'ai goûtée autrefois et qui a flatté mon palais ; *l'eau me vient à la bouche.* L'expression n'est pas ici métaphorique ; le sens du goût est effectivement et intérieurement exercé ; et il perçoit non la substance, mais l'essence.

C'est la mémoire que les cellules organiques conservent des sensations perçues ; et cette faculté mnémonique n'est pas une abstraction, puisque son action est réelle, son effet physiquement constaté.

Par la pression du globe de l'œil, je perçois des formes lumineuses. Parfois, dans l'organe de l'ouïe, je perçois des tintements, des sons intérieurs. On peut multiplier les exemples.

Une remarque est peut-être nécessaire et elle répondra à une objection, quoique nous ayons pris soin de bien définir la cellule et son rôle. La cellule sensorielle ne possède qu'une faculté intéressante pour notre thèse : la mémoire des sensations. C'est le *moi*, l'être actif, qui puise dans cette mémoire ou

qui est sollicité par elle. Tant que la cellule sensorielle se borne à remplir sa fonction, le *moi* lui
reste étranger ; mais, comme toutes les parties de
l'homme sont liées intimement dans l'homme éveillé
et normal, il y a entre elles un va-et-vient, une
ascension et une descente, la cellule tendant vers les
parties supérieures et celles-ci vers la cellule qu'elles
sont chargées de transformer en pensée.

En un mot, l'intelligence active, aidée de la
volonté, doit intervenir. La cellule sensorielle
humaine est ici analogue à la cellule végétale qui
conserve les formes, qui en garde la mémoire.

2° *Morbide*

Nous nous sommes servi du mot *morbide*, parce
que le mot *anormale* est impropre dans les cas que
nous étudions. Et cependant nous aurions pu
dédoubler cette seconde partie et traiter de l'hallucination morbide et de l'hallucination anormale.

Les lecteurs suppléeront d'eux-mêmes et parachè-
veront notre travail.

L'hallucination anormale sera pour nous celle qui
provient d'une défectuosité ou d'un développement
excessif de l'organe. Ainsi, l'œil atteint de presbytie,
myopie, daltonisme, etc., n'est pas un œil normal.
De même l'organe de l'ouïe peut être affecté de
dysécée, hypercousie, paracousie, etc. Par eux-
mêmes, ces organes sont sujets aux illusions ; si
l'hallucination se produit, elle sera forcément compliquée d'illusion purement sensorielle.

Il y a des personnes dont certains organes sont supérieurement développés au point que, par exemple, un son extrêmement faible, qui ne sera pas perçu par la moyenne des hommes, le sera par elles. Il peut donc y avoir soit défectuosité, soit hyperesthésie. Inversement, les organes peuvent être fort peu développés, ou anesthésiés; et tel n'entendra pas ce que la moyenne entendra parfaitement.

On rencontre aussi l'inversion, la perversion, l'hyperexcitabilité et cela, sans cause extérieure qui les provoque : c'est l'idiosyncrasie sensorielle. Il n'y a pas là, à proprement parler, de cas pathologique.

Suivant donc l'idiosyncrasie, suivant le développement de tel ou tel sens, même d'une façon anormale, la perception interne sera plus ou moins vive, et les idées provenant du sens supérieurement ou anormalement développé domineront dans l'individu.

Ici on pourrait se livrer à une digression sur les aptitudes, le talent ou le génie. Mais cela ne rentre pas dans notre cadre.

Dans ces cas d'hyperesthésie ou d'hyperexcitabilité anormale, mais non morbide, l'hallucination, on le comprendra, sera des plus vives, au point que, parfois, si le jugement n'est pas sain et n'intervient pas pour lui attribuer son caractère hallucinatoire, la personne hallucinée vivra, pendant la durée de l'hallucination, comme si la sensation ainsi perçue était réelle. Et elle est bien réelle, mais sur un autre plan, dans un autre mode de perception; ce sont les modes que l'halluciné confond.

Poussant l'analyse à son point extrême, si nous imaginons un homme dont tous les sens soient également hyperesthésiés, un tel homme vivra presque continuellement dans le plan hallucinatoire. Inversement, si nous concevons une personne dont tous les sens soient atrophiés, anesthésiés plutôt, cette personne ne sera jamais sujette aux hallucinations sensorielles. C'est peut-être l'idéal de l'homme équilibré, d'après certains savants qui prétendent que le génie ou simplement le talent est une névrose, c'est-à-dire un état anormal, pour ne pas dire pathologique.

On voit la gradation. Partant de l'homme dont les sens s'éveillent à peine pour aboutir à l'homme dont les sens sont en activité supra-normale, nous trouverons entre ces deux extrêmes des degrés suivant lesquels l'hallucination se produira plus ou moins nettement, plus ou moins fréquemment.

Comme exemple de sens s'exerçant anormalement, nous avons pris les organes de la vue et de l'ouïe. C'est la *qualité* qui est ici en jeu. Ainsi, un homme dont le sens de la vue est atteint d'une des infirmités prérappelées, ne verra pas les couleurs comme un homme normal, il n'appréciera pas exactement l'objet vu. L'oreille ne percevra pas le son tel qu'il est; elle percevra bien les vibrations, peut être même la *quantité*, mais non la qualité. Il en est de même des autres sens. L'aveugle n'aura pas d'hallucination visuelle, le sourd d'hallucination auditive. Rappelons-nous qu'il n'est ici question que de l'hallucination sensorielle chez l'homme éveillé.

Pour les sens autres que la vue et l'ouïe, on n'a pu constater l'absence totale de fonctionnement ; c'est qu'ils appartiennent plutôt à la vie purement végéto-animale et qu'ils ont acquis leur plein développement dans les règnes inférieurs. C'est l'acquit de l'être évolué dans un autre plan. Néanmoins il y a des hommes dont l'odorat, le goût sont très peu développés ou même indifférents. On peut voir des gens manger jusqu'à des excréments, vivre dans un air corrompu, sans que, pour cela, leur organisme en souffre visiblement.

L'état morbide soit d'une cellule, soit d'un organe ou même d'un appareil provient de deux sortes d'éléments constitutifs : d'une part, de lésions externes, d'une autre, de lésions internes. Certains savants disent : de lésions de l'organe et de lésions *des actes* de l'organe.

Comment un acte peut-il être lésé ?

Dans l'hallucination sensorielle simple, c'est toujours l'intervention d'un corps étranger ou une altération physico-chimique qui y donnera lieu.

On peut appliquer à ces cas d'hallucination les données précédentes. Il y aura cette différence, que la perception de la forme, image, son, odeur, saveur, sera altérée dans sa manifestation.

Les maladies constitutionnelles, les diathèses, les maladies héréditaires, ataviques, endémiques, épidémiques, etc., affectent tel ou tel organe et le plus souvent déterminent un état morbide général dans tout l'organisme.

La fièvre qui est caractérisée par un mouvement

désordonné ou accéléré Jonas,.. anormalement des cellules avec élévation de température, n'est que le symptôme de l'état morbide particulier ou général.

Les névroses sont des états d'excitation ou d'asthénie intermittente ou continue soit d'une partie, soit de la totalité du systême nerveux. Mais ici, nous touchons à la partie psycho-sensorielle que nous retrouverons.

A part les hallucinations d'ordre psycho-sensoriel, celles d'ordre sensoriel ont pour caractéristique le désordre, l'état anarchique des cellules, avec sensation de gêne ou douloureuse. Celles-ci, en effet, ne fonctionnant plus régulièrement, n'ayant plus de direction ou n'obéissant plus, n'apporteront au *moi* que des sensations confuses, étranges. L'halluciné ne percevra que des figures informes, changeantes, monstrueuses, des bruits, des sons vagues, inégaux, sans suite.

Suivant le siège de la maladie, l'hallucination morbide portera de préférence sur la manifestation directe de l'organe atteint. D'où l'hallucination de la vue, de l'ouïe, etc.

S'il s'agit de phlegmasies, de diathèses ou de maladies organiques, l'halluciné sera affecté particulièrement et la nature de l'hallucination participera de celle de l'organe affecté.

L'ingestion de substances, quelles qu'elles soient, le régime alimentaire habituel ou exeptionnel, impriment à l'hallucination un cachet particulier, adéquat. Mais où l'hallucination revêt une forme absolument caractéristique, c'est lorsqu'elle se produit à

la suite d'absorption de certaines substances,et quel
que soit le mode d'absorption, soit stomacale, soit
cutanée, soit pulmonaire.

L'intoxication lente ou rapide est due à la présence d'éléments désorganisateurs des cellules et des
tissus. Et, à ce propos, on peut dire que toutes les
maladies sont dues à des intoxications plus ou moins
lentes.Un élément nouveau et destructif est survenu;
cet élément, être vivant, va se nourrir aux dépens
de l'organisme, et ses manifestations hallucinatoires
seront en rapport avec sa nature, sa manière d'être.
Le *moi* perçoit des formes dont l'origine est étrangère à son organisme, formes qu'il n'a pu s'assimiler
et contre lesquelles il va lutter.

Dans les maladies parasitaires, dues à la présence
d'êtres vivants aussi, mais plus directement accessibles à l'examen microscopique, on observera également des hallucinations *sui generis*.

Dans tous ces cas pathologiques, il y a affaiblissement de l'organisme et par suite accroissement
des êtres étrangers qui s'en emparent. Fortifier le
premier doit être la préoccupation du médecin.

Dans l'apoplexie cérébrale, pulmonaire ou autre,
il y a excès de force d'un côté et affaiblissement
d'un autre. Certains organes secrètent avec abon-
dance, tandis que d'autres secrètent insuffisamment.

Dans tous ces cas, excès ou appauvrissement,
anémie ou hypérémie, etc., il y a rupture d'équilibre. L'homme désemparé n'est pas sain ; par suite,
ses hallucinations qui ne sont que la perception du
double,l'apparition interne des objets et des formes,

seront incohérentes, douloureuses, lancinantes.

Tous les corps ont en eux-mêmes un principe favorable aux fonctions organiques. Les principes nutritifs et médicamenteux sont l'objet des recherches, soit conscientes, soit inconscientes de l'organisme ou du *moi*. Conscientes, elles sont le plus souvent empiriques ; inconscientes, elles appartiennent à l'instinct, c'est-à-dire à l'être organique qui évolue dans son plan. Il s'agit de les allier. *Ne pas contrarier la nature* est un précepte médical.

Les principes médicamenteux apportent des éléments nouveaux dans l'organisme et l'hallucination participera encore de leur nature. Elle sera calme ou excitante, agréable ou désagréable, faible ou puissante.

Le magnétisme seul ou combiné avec les médicaments appropriés sera des plus efficaces. Il apporte la vie et la force ; l'homme sain qui magnétise un malade et qui a le désir de le soulager réussit presque toujours.

Il est temps de faire remarquer que, sous l'empire de certaines maladies, lorsqu'il y a fièvre principalement, l'homme cesse d'être complètement éveillé. Nous avons vu le mécanisme du sommeil. L'homme qui va dormir est celui qui... a besoin de dormir. C'est une vérité de La Palice. Précisons le mot *besoin*. Dans les maladies, dans les affections qui atteignent principalement les organes dont l'activité est la plus considérable, le travail auquel se livrent les cellules appelle un fréquent *besoin* de prendre de nouvelles forces. La force nerveuse emmagasinée est épuisée ; elle s'épuise vite ; à chaque instant, l'organisme sera obligé d'en chercher on sait comment. Dès lors, les hallucinations hypniques seront fréquentes et l'on voit que nous nous acheminerons lentement vers l'hallucination morbide dans l'homme endormi.

II

Hallucination subjective collective d'origine sensorielle

1· *Normale*

Il y a cette seule différence avec la précédente, c'est que cette hallucination est subie par plusieurs individus, soit simultanément, soit progressivement.

Il faudra nécessairement que le point de départ d'abord, puis la continuité et la persistance soient communes à la collectivité. Cela ne suffira pas encore : le tempérament devra être sensiblement le même, l'organe devra être conformé semblablement, sinon anatomiquement, du moins physiologiquement, et la perception d'égale puissance ou à peu près. Il va de soi que l'objet qui aura donné lieu d'abord à la perception externe, puis à l'hallucination devra frapper les sens avec la même intensité ou une intensité suffisante.

En un mot, le groupe sera dans les mêmes dispositions de réceptivité. Cette réceptivité peut être éveillée par l'un quelconque du groupe. L'halluciné de cette catégorie transmet au moyen d'od sensoriel ses propres émanations.

2· *Morbide*

Nous ne pourrons ici que répéter ce que nous avons dit précédemment ; ici encore l'affection morbide ou l'état anormal sera le même, commun à la collectivité ou encore la collectivité aura des prédispositions communes.

Dans ces cas, les personnes seront plus ou moins éveillées, c'est-à-dire que l'un ou l'autre des sens et de leurs organes sera en état soit d'inhibition, soit d'anesthésie, quand d'autres au contraire seront excités ou hypéresthésiés. C'est ainsi que l'un ou l'autre des sens ne se développe exclusivement ou anormalement qu'au détriment des autres ; alors on peut dire que, quand un sens *travaille* (ou plutôt est exercé), les autres reposent. C'est la veille pour l'un et le sommeil pour l'autre ; mais il y a cette différence avec le vrai sommeil, que la volonté peut instantanément réveiller les sens, quand ils ne sont qu'engourdis ou inoccupés et quand la souffrance n'est pas trop vive.

III

Hallucination objective individuelle d'ordre sensoriel

1º *Normale*

Nous avons dit tout à l'heure : *l'objet* qui aura donné lieu d'abord à la perception externe et à la sensation, puis à l'hallucination, doit frapper les sens avec la même intensité. — C'est qu'en effet, quand l'hallucination est collective, un objet extérieur est nécessaire pour qu'elle se produise. Dès lors, c'est avouer qu'en réalité, l'hallucination collective sensorielle est *subjectivement* impossible. Cependant, par hallucination objective nous entendons, ainsi que nous l'avons défini, toute perception interne d'êtres vivant dans le plan supraphysique, dont l'organisme est analogue au nôtre et dont l'existence organique propre n'est perceptible qu'à nos sens internes. Ces formes se trouvent dans l'ambiance; mais nous serons forcé de faire intervenir les facultés psycho-sensorielles, et alors nous aurons, non des hallucinations sensorielles pures, mais des hallucinations psychosensorielles.

Il ne nous est pas possible de nous passer de l'âme, même dans les manifestations les plus simples, les plus *végétatives* de l'être. Nous pourrons cataloguer, disséquer l'âme, la nommer âme *organovitale*, s'il s'agit de manifestations sensorielles, âme *affective* ou *passionnelle*, s'il s'agit de manifestations psycho-sensorielles, ou âme *intellectuelle* pure, s'il s'agit de manifestations supérieures ; mais toujours une trame sans solution de continuité reliera toutes les portions de l'être. Cette trame, c'est l'âme tout entière.

On comprend facilement que deux cailloux qui se heurtent ne produiront pas les mêmes phénomènes ou des phénomènes de même ordre que deux êtres animés qui se rencontrent.

Deux personnes regardant le même paysage se

communiqueront leurs impressions (mot impropre, s'il s'agit de sensations pures), disons plutôt la nature de leurs sensations ; elle éprouveront la même sensation, si, comme nous l'avons dit, leur contexture organographique est la même. Fermant les yeux en même temps, elles auront la même sensation interne, la même hallucination.

Il faut donc, pour que cette hallucination se communique, qu'elle ait pour origine une perception externe, c'est-à-dire qu'avant d'être hallucination, elle soit sensation. Dans le cas contraire, on ne peut avoir qu'une hallucination psycho-sensorielle, puisqu'il faudra faire intervenir le verbe, le geste ou la pensée, en un mot, la suggestion.

Les plantes n'ont pas et ne peuvent avoir d'hallucinations, parce qu'elles n'ont pas d'âme animale. Leur âme est purement végétative et par ces mots nous entendons l'être qui *reçoit activement* et qui *donne passivement*.

L'homme, au contraire, reçoit passivement, mais communique activement. Il n'est affecté psychiquement ou même sensoriellement, que parce qu'il est expansif, et on remarquera que, plus cette expansion est grande, plus l'impression reçue est profonde.

Il faut donc, pour l'hallucination collective, faire intervenir l'âme dans tous les cas, non l'âme sensitive pure, mais l'âme affective qui combine son action avec la première.

L'homme percevra intérieurement un objet qu'il aura perçu déjà extérieurement. Et comment ? La forme de l'objet se fixe dans l'organe, dans ses cellules. Cette forme qui, naturellement, a dû affecter le sens persistera, et elle persistera d'autant plus longtemps et avec d'autant plus de netteté, qu'elle aura été plus fortement et plus longuement perçue. Dans la trame interne, cette forme flottera et l'organe la percevra tant que les cellules elles-mêmes la conserveront.

Je vois une statue. Le sens de la vue a été impressionné ; les cellules visuelles emmagasinent la forme et la transportent dans les couches optiques. Le *moi* s'en empare ; il fait revivre intérieurement cette statue. Ellle existera dans *sa forme* sur le plan organo-vital et c'est dans ce plan que le *moi* pourra la contempler.

Remarquons qu'il ne s'agit ici que de l'hallucination sensorielle. C'est le sens seul qui est affecté et c'est l'organe ou ensemble des cellules qui porte et charrie l'image. Cette image n'exerce qu'une action sensorielle, s'il est permis de s'exprimer ainsi. Le *moi* peut ne rester que simple spectateur ou même être indifférent.

Sans doute, il est facile de confondre cette hallucination dite objective avec l'autre, la subjective. Il faut reconnaître, en effet, que la différence est difficile à établir. Au reste, dans tous les genres d'hallucinations, la gradation est insensible et on passe de l'une à l'autre sans qu'on puisse fixer un point de démarcation bien net.

De même que l'être intermédiaire entre le règne végétal et le règne animal est incertain, quant à sa nature, de même que l'état intermédiaire entre la veille et le sommeil même superficiel est peu marqué, de même l'hallucination intermédiaire entre le fait sensoriel et le fait psycho-sensoriel, entre le fait subjectif et le fait objectif est difficile à préciser et à caractériser.

Essayons, toutefois, de différencier les deux genres d'hallucinations, subjective et objective.

Dans la première, la forme *se fond* dans la cellule sensorielle où, si l'on préfère, la cellule elle-même devient la forme perçue. Dans la seconde, elle porte avec elle, sans s'y confondre, elle véhicule cette forme. La forme ne serait ainsi que le *double* éthérisé de l'objet transporté dans le plan organo-vital ; mais, en outre, l'être vivant de sa vie propre dans le plan correspondant ne sera perçu intérieurement, tout comme le double d'un être quelconque, que si la faculté immédiatement supérieure intervient.

L'homme, à l'état normal, se représentera la forme exactement adéquate à l'objet.

2° *Morbide*

L'hallucination prendra les caractères que nous avons déjà examinés à propos de l'hallucination subjective morbide ; elle se comportera, analogiquement, de la même façon que l'hallucination subjective morbide.

IV

Hallucination objective collective d'ordre sensoriel, normale et morbide

Nous n'ouvrons ce quatrième alinéa que pour mémoire et afin de conserver l'ordre fixé.

Bornons-nous à dire qu'on peut appliquer à ce genre d'hallucination ce que nous avons déjà dit précédemment, en se servant de l'analogie.

V

Hallucination subjective individuelle d'ordre psycho-sensoriel

1° *Normale*

L'âme affective ou passionnelle va entrer en contact direct avec l'âme organique ou instinctive. Les sensations vont se combiner avec les sentiments, d'où un double courant alternant de bas en haut et de haut en bas.

Notons que les trois états de l'homme possèdent leur intelligence, ou si l'on préfère, que l'intelligence a trois degrés : toujours fatale ou automatique dans l'âme organique, volitive dans l'âme passionnelle et enfin voulante dans l'esprit.

Ces trois intelligences évoluent sur ces trois plans ; mais, comme nous l'avons dit, elles ne s'exercent pas également ni de la même manière.

4

Dans le fait psycho-sensoriel, on observera la gradation suivante : 1° l'action des sens sera prépondérante sur celle de l'âme affective ; 2° au contraire, l'action de cette dernière prédominera ; 3° les deux actions seront égales. Leur action sera en outre ou simultanée ou successive.

L'âme passionnelle réside dans le système nerveux du grand sympathique et le cervelet, avec ramifications dans les couches optiques et autres centres nerveux du cerveau.

C'est dans le cervelet et les couches optiques que les cellules du grand sympathique apportent les sensations, lesquelles, par l'intermédiaire du *calamus scriptorius*, viendront se transformer en idées dans les lobes cérébraux.

C'est le grand sympathique qui reçoit les sensations ; le cerveau à qui elle sont transmises les perçoit d'abord comme sensations et ensuite comme idées, par suite du travail auquel il se livre.

L'impression se produit d'abord : c'est la localisation du fait sensoriel ; puis vient la sensation proprement dite qui est portée dans les centres cérébraux. Mais il arrive que la sensation s'arrête parfois au plus prochain plexus ; immédiatement la réaction se produit : c'est l'action réflexe ; c'est la sensation transformée en mouvement. Nerfs sensitifs et nerfs moteurs entrent en jeu.

L'homme dont l'activité psycho-sensorielle est faible, qui ne subit aucune secousse soit physique, soit morale, dont tous les sens sont également équilibrés, dont la vie est calme ,qui est sans passions, n'aura pas d'hallucinations de cette nature, à moins qu'il n'ait des dispositions latentes ou ataviques ou karmiques, ce qui arrive fréquemment. La vue d'un spectacle, d'une scène, une lecture, une audition, réveillent souvent une énergie, un talent ou une passion.

Nous allons assister à une lutte entre la cellule sensorielle et la cellule affective ; le *moi* va ressentir le choc ; il assistera à la lutte comme simple spectateur ou il y prendra part ; il sera aussi parfois acteur et spectateur tour à tour.

L'idée, sensation, image, forme, etc., se débat dans le cerveau. L'objet extérieur qui lui a donné naissance n'est plus présent. Les cellules donneront leur représentation : le *moi* interviendra pour régler leur jeu, et dans cette représentation, il percevra intérieurement les scènes et les manifestations. Il associera des idées anciennes à des sensations récentes. C'est ainsi que la mémoire, aidée de l'imagination, fournira les matériaux nécessaires. Que le théâtre n'ait pas de direction, les acteurs se livreront à tous les jeux de scène les plus fantaisistes et les plus disparates.

Le dramaturge, le romancier découvriront la trame d'une comédie, d'un drame, d'un roman, l'artiste réalisera (mentalement d'abord) une œuvre.

Ces hallucinations, dès qu'elles cessent, en tant qu'hallucinations, deviennent des réalités tangibles, c'est-à-dire passent dans le plan physique. Le romancier et l'artiste matérialisent par l'écriture et par la peinture, sculpture, etc., leurs hallucinations.

Ces êtres qui s'agitent dans le cerveau seront les acteurs de ce drame ou de ce roman et le *moi* dirigera leur jeu. Les choses, comme les êtres animés, comme l'homme même, exerceront leur suggestion. Et ici, la chose, l'être animé agissent soit par l'idée qu'ils évoquent, soit par la sensation qu'ils procurent.

La gustation d'une liqueur, la vue d'un tableau, une audition musicale, etc., éveilleront une histoire, un récit, une scène à laquelle on aura participé ou assisté dans des circonstances où cette gustation, cette vision, cette audition se seront produites ; elles suggèreront l'idée de revoir la scène, de relire cette histoire, et cette suggestion consiste non seulement à faire revivre des souvenirs et des sensations, mais encore à imaginer des histoires et des scènes en rapport avec celles vécues. Ces souvenirs ainsi rappelés deviendront *actuels*, dans le plan psycho-sensoriel.

2° *Morbides*

Ici, le système nerveux ganglionnaire et cérébro-spinal peut être lésé, le cerveau également, sans que les organes des sens le soient et inversement. Mais il y a une telle affinité entre les organes de transmission que les troubles seront souvent confondus.

Les phlegmasies, hémorrhagies, l'anémie, l'hyperémie, les diathèses, etc., en un mot la pathologie organique imprimera à l'hallucination son cachet propre, ainsi que nous l'avons vu. Elle aura pour caractère la douleur adéquate à tel ou tel organe, à tel ou tel tissu ; elle prendra sa source presque toujours et exclusivement dans l'organe atteint.

La névrose, maladie qui a son siège dans quelque partie du système nerveux, intervient soit simultanément, soit isolément ; elle est ou concomittante, ou isolée, ou consécutive.

Qu'on veuille bien nous excuser d'entrer dans tous ces détails qui sentent le pédagogue, mais ils nous paraissent nécessaires pour l'intelligence de notre étude.

Les névroses nous intéressent particulièrement. Rappelons-les brièvement. On distingue :

1º Les névroses de la sensibilité (anesthésie, hyperesthésie, dans le sens d'algésie et analgésie, perversion) ;

2º Les névroses du mouvement (convulsions, paralysies, spasmes, etc.) ;

3º Les névroses des fonctions digestives (gastroentéralgie, etc.) ;

4º Les névroses des fonctions respiratoires et circulatoires (dyspnée, aphonie, syncope, etc.) ;

5º Les névroses des fonctions de reproduction (satyriasis, nymphomanie, hystérie, etc.)

Ces diverses affections, au point de vue de la sensation, sont algésiques ou analgésiques ; au point de vue du mouvement, paralytiques ou spasmodiques.

Suivant la nature et l'origine de l'affection, les cellules nerveuses de l'organe atteint, dans les cas

4.

de spasme et d'éréthisme, d'algésie et d'hyperesthésie, seront, on le comprend, dans une agitation plus ou moins grande ; elles fourniront donc le
plus possible et presque exclusivement les images,
les formes qu'elles auront emmagasinées. C'est ainsi
que l'hystérie, par exemple, produira des hallucinations *sui generis*. L'hystérique percevra *originairement* des scènes érotiques. Le gastralgique percevra des formes et des scènes qui se joueront dans
le centre affecté.

Dans les cas de paralysie, d'anesthésie analgési-
que, le contraire se produira dans les centres affectés ; mais, par suite du repos forcé de ces centres,
les cellules qui sont toujours en activité se porteront
sur d'autres centres : d'où excès de repos d'un côté
(paralysie) et excès d'agitation d'un autre.

Les maladies organiques, d'ordre sensoriel, provoquent aussi parfois un ébranlement dans les centres nerveux dont les organes relèvent.

Dans ce cas, les cellules de l'organe sensoriel et
celles de l'appareil nerveux vont agir de concert ; on
aura des hallucinations mixtes.

C'est dans ces maladies que la suggestion peut
être observée avec le plus de fruit.

Suggérez, par exemple, à une hystérique qu'elle
possède l'objet de ses désirs ; d'aigu le mal deviendra suraigu ; la simple érotomonie deviendra de la
fureur érotique. L'image évoquée prendra pour la
malade une consistance telle que l'hallucination
sera plus puissante que la simple perception
externe.

Nous avons pris l'hystérique pour exemple.
Cependant l'hystérie, à proprement parler, n'est pas
une affection par elle-même. Elle peut dévier, dans
un sens ou dans un autre, devenir un mal ; mais
originairement elle est le signe d'une puissance
nerveuse anormale. Il est vrai que cette force exu-
bérante s'accroît au détriment des fonctions organiques et du système sanguin, en sorte que l'hystérique est, en même temps qu'un déséquilibré, un
anémié.

Mais que le fluide nerveux secrété avec trop d'a-
bondance, trouve une issue ou un emploi sagement
réglé, non seulement l'hystérique sera soulagé, mais
il trouvera sa voie.

Cette force nerveuse pourra être transformée et
utilisée dans un but opposé à ce que l'on croit. Si
l'hystérique, qui peut être fort intelligent, a des
tendances religieuses et qu'il soit poussé vers les
spéculations théologiques, d'un érotomane, vous
ferez un visionnaire, ou même un voyant. Dès lors,
l'hallucination change de caractère ; les visions sont
béatifiques. les diables amoureux, les satyres
deviennent des anges et des saints.

Qu'au contraire, l'hystérique n'ait que des tendances animales, la suggestion agissant au sens
opposé au premier, aura peu de prise ou même pas
du tout, dès le début ; mais qu'on répète la suggestion, on diminuera et on fera même cesser à la longue les hallucinations érotiques. Remarquons que
la suggestion s'exerce de toutes les manières : par
la volonté, par la lecture, par l'acte imitateur, etc.

Le transfert des maladies psycho-sensorielles et par suite des hallucinations s'obtient toujours par la suggestion et cela sur le même individu, d'un organe à l'autre ; il s'obtient souvent d'un individu à un autre ; mais ce dernier cas rentre dans les hallucinations collectives.

Précisons toutefois en disant que cela sera d'autant plus facile qu'on ne constatera aucune lésion.

La suggestion s'exerce comme nous l'avons dit, mais au point de vue éducateur ; elle s'exercera, au point de vue expérimental, soit par la parole, soit par le geste, soit même mentalement, si le *suggestionneur* a une puissance suffisante. C'est ici le cas d'examiner comment s'exerce cette suggestion, quelle est son action, quels sont ses effets, son processus.

Les courants nerveux ne sont pas une abstraction, mais une réalité, ils sont analogues aux courants électriques. Ces courants qui forment comme une trame sans fin, unis entre eux, peuvent être arrêtés un moment, détournés dans tel ou tel sens. L'intelligence du névrosé ou névropathe, ne l'oublions pas, est celle de l'homme éveillé, et elle est toujours docile à la volonté. Le verbe impératif imprime un mouvement, et ce mouvement, suivant l'ordre donné, suivant l'expression de la volonté formulée mentalement ou oralement, se dirige là où il est appelé ; les images, les idées évoquées, suivant leur forme et leurs tendances, viendront affecter telle ou telle partie du système nerveux, de telle sorte que, si je suggère à un hystérique des idées belliqueuses, il sera entraîné à des actions héroïques ; à la place d'une nymphomane ou d'un priape, j'aurai une guerrière ou un soldat. Que je lui suggère des idées religieuses, que j'évoque des scènes de conversion, de martyrologe, d'extase, l'hystérique aura des désirs adéquats, une attitude adéquate. Que j'évoque souvent les mêmes images et ces images hanteront son cerveau.

On pourrait multiplier les exemples. De même que pour les hallucinations d'ordre sensoriel morbide, on remarquera que pour celles d'ordre psycho-sensoriel, la veille ne persiste pas et qu'elle est fréquemment coupée de sommeil ou de somnolence, et, dans ce dernier cas, à mesure que le sommeil s'approfondit, l'hallucination revêt un caractère plus net, au point que l'halluciné confondra les scènes rêvées avec les scènes de la veille.

Par l'exemple précité de l'hystérique à l'état de veille, il ne faudrait pas croire que la suggestion s'exerce sur lui comme s'il était endormi artificiellement. Il n'y a pas automatisme, et la suggestion n'est qu'un mode éducateur.

On verra, quand nous parlerons de l'homme endormi, que la suggestion produit des effets immédiats, sinon durables.

Les hallucinations psycho-sensorielles, comme les sensorielles, sont souvent partielles et adéquates à tel ou tel sens. On observe ainsi l'hallucination visuelle, auditive, etc.; mais avec cette différence que les cellules affectives nerveuses entrent immédiatement en jeu.

Les principes médicamenteux, asthéniques, narcotiques, excitants, etc., en modifiant l'hallucination sensorielle, modifient également l'hallucination psycho-sensorielle. Associer la thérapeutique médicale et magnétique à l'action psychique ou à la suggestion doit être la préoccupation de celui qui veut guérir.

C'est dans le plan psycho-sensoriel, dans les centres du grand sympathique, qu'agissent les émotions. Les sentiments et les passions ont leur source dans les sens. Que ces sentiments et ces passions soient bons ou mauvais, nuisibles ou utiles, nous aurons des hallucinations également bonnes ou mauvaises, douloureuses ou agréables, tristes ou gaies. L'âme perçoit d'abord la sensation qui éveille chez elle le sentiment, et ce sentiment, suivant la nature de la sensation et suivant le désir auquel elle donnera naissance, sera doux et violent, passionné en bien ou en mal, destructeur ou conservateur.

La vue d'une action honteuse révoltera, troublera le système nerveux et l'âme affective ; l'audition d'une musique, suivant le genre, gaie ou triste, remplira l'âme d'émotions diverses. Ce qui se passe autour de nous n'est que le signe matériel que l'âme traduit.

L'âme affective, par suite d'une réaction sur le plan physique, réalise à son tour ou traduit, par la parole, le son, la figure, l'écriture, les sentiments, idées, sensations, qu'elle a acquis ; en un mot, l'hallucination redevient une perception externe.

Certaines visions ne sont que des hallucinations

psycho-sensorielles ; mais ici l'homme est éveillé ; par suite, l'hallucination sera en général peu nette ou fugace. Nous n'insisterons pas sur ce cas ; nous le retrouverons plus loin.

Songeons qu'il ne s'agit que de l'hallucination subjective.

Pourquoi, demandera-t-on, rangeons-nous cette dernière hallucination parmi les hallucinations morbides ?

En apparence, l'halluciné de cette catégorie est sain ; aucun trouble sensoriel ou nerveux n'est constaté. Il y a simple développement anormal de telle ou telle partie du système. Nous n'avons pas voulu créer de nouvelles subdivisions, afin d'éviter une complication inutile. L'exaltation, quelle qu'elle soit, religieuse, patriotique, etc., est due à la présence d'un grand nombre de cellules nerveuses appelées et venues de tous les centres, pour renforcer le sentiment patriotique, religieux, etc.,pour lui donner la somme la plus grande d'expansion. C'est ainsi que tous les sentiments autres que celui qui domine, sont considérablement affaiblis. D'un coté,excès de puissance,de l'autre,appauvrissement.

Le lecteur saura, pour tous les cas, faire les distinctions.

VI

Hallucination subjective collective d'ordre pyscho-sensoriel

1° *Normale*

Cette hallucination de l'homme sain se communique aux autres, comme le parfum d'une fleur, l'odeur nauséeuse d'un cryptogamme, comme le son, etc., dans l'ordre sensoriel. L'homme émane de son corps une odeur plus ou moins agréable, odeur organo-vitale, et en outre un *od* plus ou moins pénétrant, plus ou moins sympathique.

On sait comment se transmettent les maladies dites contagieuses. Les uns voient des microbes se dégager des déjections ; ces microbes se répandent dans l'air ; d'autres ne voient qu'un od subtil d'une nature morbifique se dégager du malade et pénétrer ceux qui l'entourent. Le premier système est vrai dans l'ordre sensoriel pur, mais dans l'ordre psycho-sensoriel, les deux systèmes sont également vrais.

Parlons de l'homme sain. Il ne saurait être question de microbes organiques. L'halluciné par son contact communiquera sa propre hallucination. Comment ?

J'ai perçu une odeur ; j'en suis ou ravi ou troublé, mais, dans tous les cas, fortement impressionné. Je manifeste plus tard mon impression agréable ou désagréable. Je l'exprime par la parole ; je feins de ressentir cette odeur. Aussitôt, mes voisins se met-

tent à humer l'air, à dilater les narines : deux, puis
trois, puis plusieurs ressentent aussitôt la même
impression. Je provoque de la même façon l'hallucination des autres sens. Mais ici, ou la suggestion
est inconsciente ou elle est consciente. C'est qu'en
effet je puis, à un moment quelconque, malgré ma
volonté, subir une hallucination et cette hallucination je la communique par la parole, le geste, etc.
L'homme qui possède une grande puissance d'expansion, qui s'est exercé dans ce but, peut créer
aussi des hallucinations ; sa volonté agit sur l'od
ambiant.

Dans un autre ordre de faits, je ferai partager mes
convictions, mes passions ou mes sentiments, en
agissant non directement sur l'organe par la suggestion verbale, mais sur l'âme affective et sur le grand
sympathique. Je déterminerai chez les autres des
vibrations de même tonalité, de même nature, de
même puissance que les miennes. C'est de cette
façon qu'on entraîne les foules. Et, comme nous le
savons, cette suggestion s'exerce de plusieurs manières : par la lecture, par le geste, par l'image, par
la parole, etc.

Dans ces divers cas d'hallucination, une foule de
circonstances concourent à sa production.

Les tempéraments, les milieux, l'état climatérique
et atmosphérique, la température sont autant de
facteurs utiles ou nuisibles.

2º *Morbide*

Quand à la morbidité ou l'anomalie, nous ne pourrions que nous répéter. Il suffit d'ajouter que la collectivité sera en rapport harmonique ou dans le même rapport de trouble ou d'inharmonie des organes ou du système nerveux avec l'halluciné. Ainsi les crises hystériques ou épileptiques seront presque immédiatement suivies de crises semblables chez ceux qui y sont prédisposés. On a pu le constater dans les pôpitaux. Imitation, dira-t-on ; sans doute, mais ébranlement du système nerveux, ébranlement communiqué par l'atmosphère psycho-sensorielle ambiante, par l'od ou l'éther.

VII

Hallucination objective individuelle d'ordre psycho-sensoriel

1° *Normale*

Le plan psycho-sensoriel dans lequel vivent les êtres analogues à ceux que nous générons se fond, pour ainsi dire, en notre propre plan psycho-sensoriel subjectif. Les deux mondes s'influencent et se pénètrent réciproquement. Quelle est la nature de ces êtres ? D'où viennent-ils ?

Leur organisme est homologue ou analogue au nôtre ; il le faut bien pour que nos relations avec eux soient possibles. Il n'est pas saisissable par la perception externe ; mais son voisinage, sa présence peut être ressentie. Nos affections, nos passions leur sont communes. Il ne sentent pas, ne souffrent pas, ne jouissent pas de la même façon que nous ou plutôt les combinaisons psycho-chimiques de notre planète ne les affectent pas comme ils affectent nos sens. Ce sont ou des êtres générés dans un autre milieu que le nôtre et faits pour le monde astral qu'ils doivent habiter, ou les âmes des hommes qui ont vécu, ceux qu'on appelle justement des désincarnés. Ce sont encore des idées-images émanées de ces désincarnés.

Tous les êtres qui vivent sur notre plan matériel, charnellement, ont un double au corps astral. Ce corps astral est celui qui se dégage du corps matériel, tangible, après la mort. Il emporte avec lui la même puissance psycho-sensorielle, les mêmes aptitudes, les mêmes vertus et les mêmes vices qu'il avait quand il était soudé au corps de chair.

De même que nous agissons odiquement et psychiquement sur nos semblables, de mêmes ces êtres agissent sur nous.

Affirmation gratuite, s'écrie l'Académie ! Nous n'écrivons ces pages que pour ceux qui sont déjà familiarisés avec la science occulte et qui connaissent les faits médianimiques ou autres, faits longuement et patiemment répétés, contrôlés positivement et expérimentalement.

Du reste, nous aurons plus loin l'occasion de nous étendre sur ce point.

Les êtres dont nous parlons, soient qu'ils viennent de notre plan matériel, ou qu'ils soient un produit de l'ambiance, soient qu'ils viennent de plans analogues, agissent donc sur notre mental et nos sens internes, comme les êtres subjectifs que nous générons. Il nous est très souvent difficile de distinguer leur action, d'attribuer en toute certitude à ceux-ci ou à ceux-là des faits d'ordre psycho-sensoriel; de même qu'il nous est difficile de ne pas les confondre avec ceux d'ordre télépathique. Mais il nous est possible parfois d'arriver sinon à une certitude absolue, du moins à une probabilité suffisante pour asseoir notre conviction.

Prenons une apparition; elle affecte l'organe interne de la vue d'abord, puis elle excite en nous des émotions diverses; elle nous parle même. Pour la personne saine, bien éveillée, qui n'a pas subi de suggestion, qui n'a été ni préparée, ni sollicitée, l'apparition sera d'ordre absolument étranger à son *moi*. Sa conviction sera inébranlable, surtout si le fait se renouvelle. Nous reconnaissons cependant que cette apparition peut provenir d'un fait télépathique. Comment le savoir ? Où est le critère ?

Ici, la personne devra interroger ses souvenirs, voir dans ses relations, dans ses lectures, etc., si rien n'a pu amener cette hallucination. Elle devra rechercher si, dans ses rapports avec d'autres personnes, elle ne peut trouver l'origine de l'hallucination ; mais, en tous cas, sa conviction ne pourra être que personnelle.

Le véritable critère de la certitude réside dans la possibilité de la matérialisation ou plutôt de la tangibilité de l'apparition, c'est-à-dire dans la transformation de l'hallucination en perception externe. On verra, à propos de la médiumnité, que ce résultat a été obtenu.

L'entité qui se manifeste peut agir de plusieurs manières, soit sur un, soit sur plusieurs sens éthérisés, en même temps que sur notre système psycho-nerveux. On percevra des sons intérieurs, on adorera, on goûtera, etc., on subira une impulsion, on éprouvera un désir, etc.

Une émotion nouvelle surgira ; une passion naîtra ; on éprouvera un dégout, un malaise, sans cause apparente. On sera entraîné à une action, bonne ou mauvaise, enfin on se trouvera dans état inexplicable.

On remarque des cas d'obsession chez certains criminels et même chez des personnes d'une nature perverse ou simplement indifférente. L'homme vraiment bon pourra être obsédé également, mais cette obsession ne sera pas de longue durée, parce qu'il saura résister ; sa nature sera réfractaire.

On parle de la monomanie et de ses diverses formes ; on ne sait à quoi l'attribuer, on ne l'explique pas. Quand l'homme, normal et sain, se trouve subitement atteint de monomanie ou de folie, où trouver l'origine de ce détraquement subit ?

Il y a une lésion, une lésion vient de se déclarer, nous dit-on. Nous le voulons bien ; mais qui a déterminé cette lésion ?

L'homme agit sur l'homme par la suggestion et la fascination, par l'hypnotisation ; il se peut qu'une nature faible et molle subisse cette action inconsciemment, et alors point n'est besoin de faire intervenir un être occulte. Mais quand on a dû écarter cette hypothèse, il faut bien avouer ou qu'on est dans l'impossibilité de déterminer la cause ou que cette cause est celle que nous indiquons. Toute la difficulté git dans la différenciation de l'action humaine et de l'action supra ou extra-humaine. C'est affaire d'observation.

2· *Morbide*

Les entités du plan psycho-sensoriel peuvent porter en elles-mêmes des germes morbides ou nocifs. Les âmes des désincarnés, selon leur genre de vie ou de mort, emportent avec elles les affections psycho-sensorielles qu'elles avaient dans leur incarnation ; l'épuration, comme la guérison, est lente. De même que les vices et les vertus persistent, de même les troubles et les passions. Suivant notre affinité ou notre sympathie pour ces êtres divers, nous serons influencés par eux. Nous sommes pour eux comme un terrain de culture où ils déposent leurs germes. Il nous appartient de nous en débarrasser en faisant appel à notre énergie pour le bien, à notre aspiration vers le beau et l'idéal. C'est par l'évocation (ou désir intense) des puissances supérieures que nous écarterons les influences néfastes.

Nous avons vu comment nous subissons des impulsions étranges, inexpliquées. A nous de résister, et, si nous sommes trop faibles, de faire appel aux forts ; aux forts de secourir les faibles.

Les êtres qui nous apparaîtront, qui agiront sur nous par suggestions ou par tous autres moyens pour nous entraîner à des actes coupables, sont marqués du sceau satanique. Leur signe est le malaise, la souffrance, l'inquiétude que nous éprouvons. Les névrosés sont pour eux un champ d'expérience. Or, la plupart du temps, les névroses ou plutôt les psychoses (ou mieux les psycho-névroses) proviennent de l'action de ces êtres malfaisants. Quand on a écarté les causes idiopathiques ou celles du milieu ambiant, quand, en fin de compte, les causes immédiates n'apparaissent pas, on est bien forcé de les chercher ailleurs, c'est-à-dire dans ce monde astral que peuplent des êtres si divers.

Les caractères de ces hallucinations sont le dérangement, le désordre des cellules psycho-sensorielles et affectives, les troubles nerveux, les secousses morales, l'entraînement à des actes répugnants ; elles ont pour conséquence la fatigue psycho-nerveuse et l'épuisement.

VIII

Hallucination objective collective d'ordre psycho-sensoriel

Normale et morbide

L'entité astrale qui affecte l'individu peut affecter également et en même temps plusieurs individus à la fois.

Une apparition sera perçue par une collectivité ; mais il faudra, pour cela, que les individus de cette collectivité soient dans les mêmes dispositions de tempérament, de sensitivité, de réceptivité, telle arrive, ainsi qu'on a pu le constater, que, dans un groupe, tous ne sont pas affectés ; ceux qui ne subissent pas l'hallucination sont réfractaires ; ils se bornent à la nier ou à lui attribuer un caractère subjectif.

Cependant l'image astrale peut venir se photographier dans l'œil des hallucinés, et alors les réfractaires peuvent voir dans la rétine de ceux-ci. Nous avouons toutefois que, dans ce fait, l'objectivité de l'hallucination n'est pas absolument prouvée. On sait, en effet, que la forme de l'hallucination subjective se fixe dans l'ambiance au point d'être saisie par plusieurs individus à la fois et qu'elle a pu même être perçue extérieurement. Les expériences médianimiques nous édifieront à ce sujet.

En tous cas, d'ores et déjà, il n'est pas téméraire d'affirmer que, si l'hallucination est subie par plusieurs *simultanément*, sans que rien l'ait préparée dans notre sphère physique ou ait pu y donner lieu, elle doit être hardiment attribuée à une mainifestation d'ordre supra-physique, d'êtres étrangers à nous.

Dans tous les cas d'allucinations objectives, anormales ou morbides, nous ne pouvons que nous référer à ce que nous avons dit précédemment. On n'a qu'à appliquer à la collectivité les données qui concernent l'individu, en généralisant et en tenant compte de notre procédé.

IX

Hallucination subjective individuelle d'ordre psychique

1° *Normale*

Les cellules sensorielles et psycho-sensorielles se transforment en cellules pensantes, ainsi que nous l'avons vu. C'est le *moi* véritable, le *moi* intelligent, avec ses facultés telles que l'attention, le jugement et le raisonnement, qui va être affecté d'un côté par les cellules venues d'en bas et d'un autre par les cellules spirituelles, cellules plus ou moins dévelop-pées et venues de l'inconscient supérieur ou mieux du *super-conscient*. Le super-conscient est le dou-ble psychique du cerveau ; il est à la fois dans le cerveau et hors du cerveau. Celui-ci ne fait que s'as-similer les fluides qui sont au cerveau ce que sont les cellules vitales et psycho-nerveuses aux organes et au système nerveux. Dans le cerveau, en tant qu'organisme, les cellules pensantes ne sont autres que les cellules cérébrales.

Le *moi*, la personnalité ou âme rectrice, est carac-térisé par la conscience et la volonté. Volonté et conscience ne sont pas, à proprement parler, des facultés ; elles sont plus que cela, elles constituent l'homme même.

L'intelligence supérieure discerne, classe, rai-sonne, compare et juge.

Si nous faisons l'anatomie du cerveau, nous trou-vons l'homme tout entier, avec sa sensitivité et son intellectualité. Les sensations arrivent aux couches optiques ; les affections aux *tubercules mamillaires* ; les idées aux *lobes* qui comprennent le *corps strié*, organe de la volonté, le *corps calleux*, organe intellectif, la *commissure centrale*, organe de la raison.

Les idées provenant de *l'atma* ou idées conceptrices, sous forme d'inspiration, pénètrent dans le cerveau par le *trou de Monro*.

Nous découvrons donc deux sources de connaissance : l'une, *en bas*, réside dans les sens, en contact avec la terre ; l'autre, *en haut*, réside dans le cerveau, en contact avec le monde psychique et spirituel. Il y en a une troisième, celle qui réside dans l'ambiance humaine et supra-humaine, dans les courants psycho-sensoriels et psychiques qui s'établissent entre les hommes et les êtres divers qui évoluent sur et autour de la terre.

La croix est le signe ésotérique de cette vérité.

La sensibilité, la mémoire et l'imagination que nous avons vues dans les centres sensoriels et affectifs sont transformées dans le cerveau. La sensibilité qui est devenue affective, devient ici idée de solidarité et d'amour ; la mémoire qui conservait les formes, leur mode de perception, transmue ces mêmes formes en idées de séparativité, de distinction ; l'imagination qui perfectionnait les formes, perfectionne les idées.

En résumé, l'homme psychique conçoit, pense et exécute. Il réalise sa conception d'abord sur le plan psychique, par le travail de la pensée, puis il réalise ses pensées sur le plan matériel.

Nous ne parlerons pas du concept. Cela ne rentre pas dans notre cadre. Il ne s'agit ici que de la pensée et du plan où elle évolue : le plan psychique.

Il est impossible d'expliquer et de comprendre l'évolution intellectuelle, si on n'admet un principe supérieur qui sollicite, qui attire à soi l'être pensant. Ce principe, dénommé Dieu ou Soi collectif, ne peut être une entité simplement métaphysique. Une abstraction ne peut devenir une force, le néant ne peut devenir l'être. Disons que ce principe, inconnaissable, mais concevable, est la raison suffisante de tout ce qui est et n'allons pas plus loin. L'admettre à *priori* est une nécessité, une absolue nécessité, sans quoi il faut renoncer à toute étude. Ce principe, au reste, peut se décomposer et nous le voyons dans les êtres inorganiques, sous le nom d'aimant, de magnétisme terrestre, d'affinité chimique, d'attraction ; dans les êtres organisés, sous le nom d'instinct conservateur, d'amour sexuel, de sympathie, de désir; dans les êtres pensants, sous celui d'aspiration, d'inspiration, d'amour transcendant soit pour tous les êtres, soit pour l'Idéal que nous recherchons dans tout et partout.

Ce n'est qu'un seul et même principe adapté aux divers modes de l'être ; c'est l'Être même, l'Être par excellence qui réunit en lui tous les attributs, toutes les qualités, toutes les puissances, mais qui les distribue suivant une *Loi* rigoureusement mathémathique. Il est la Vérité, l'Harmonie, l'Amour, vers lesquels nous aspirons tous, quoi que nous en ayons, quoi que nous pensions, quoi que nous fassions. L'erreur, le désordre, la haine, sont des états relatifs qui, semblables à la pénombre, s'effacent et disparaissent peu à peu devant la lumière. Ce sont des modes divers de notre vie transitoire, et qui vont se transformant, s'épurant à mesure que nous avançons vers l'Idéal qui nous sollicite.

Ces aperçus nous semblent nécessaires pour faciliter l'intelligence des phénomènes que nous avons à étudier.

L'homme qui pense met en vibrations les cellules cérébrales. Suivant la nature de la pensée ou son objet, tel ou tel centre sera de préférence mis en mouvement. On a pu, jusqu'à un certain point, cataloguer le cerveau et localiser les facultés ou plutôt les modes de *penser*. L'expérience a démontré, en grande partie, l'exactitude de cette anatomie psycho-cérébrale. La phrénologie a sa part de vérité, mais il ne faudrait accepter toutes ses données qu'avec circonspection ; il en est de même de la physiognomonie, de la chiromancie, etc. Ces sciences ont pour objet l'étude du signe, de l'expression physique qui correspond à un état psychique.

L'observation longue et patiente, la multiplicité des faits et des exemples à travers les âges et les peuples peuvent seules donner à ces sciences une exactitude presque absolue. Nous sommes sur la voie, mais nous sommes encore bien loin du but.

La pensée, avons-nous dit, fait vibrer le cerveau,

ou, si l'on veut, le cerveau vibre sous l'action de la pensée. L'homme qui se trouve dans un des états que nous avons décrits, c'est-à-dire soit dans l'inaction physique et intellectuelle, soit dans l'inaction physique seule, sera, à un moment quelconque, tiré d'une de ces inactions par l'idée du travail soit physique, soit intellectuel. Dans l'inaction physique et intellectuelle, l'organisme repose, les mouvements vibratoires sont lents ; dans l'inaction physique seule, les mouvements vibratoires des cellules cérébrales sont accélérées ; mais remarquons que ce mouvement se transmet de proche en proche jusqu'aux cellules inférieures.

Par l'acte pensant, nous faisons affluer au cerveau le plus de cellules possibles ; le sang qui contient la force vitale propre monte à l'encéphale. Il faut, en effet, que l'organe intellectuel ait à sa portée des forces en quantité suffisante, qu'il utilise pour le travail qu'il va accomplir.

L'attention, sous l'action de la volonté, va se porter sur une idée ; immédiatement les autres facultés vont intervenir. C'est d'abord l'observation, puis l'analyse ; c'est ensuite la classification, puis la comparaison et enfin le jugement. La raison, faculté équilibrante ou harmonisante, distinguera les causes des effets, leurs relations, et par la généralisation, l'esprit sera amené à la synthèse.

Le champ d'examen et de réflexion se trouve dans la mémoire et l'imagination cérébralisées.

Les esprits qui n'ont cultivé que les facultés analytiques ne percevront que le fait ; il leur manque

,l'inspiration qui ne peut naître et se développer qu'avec l'aide d'une autre faculté dont nous n'avons pas encore parlé : *l'intuition*. Avec l'intuition, on découvre les *lois*. Mais elle ne suffit pas encore. Pour découvrir la *Loi-Une*, la cause première, ou, si l'on veut, la Raison et la Vie universelles, il faut posséder ce que nous appelons la faculté *indéntificatrice*, c'est-à-dire la faculté de percevoir l'Unité, de voir et sentir son *moi* dans tout ce qui vit ; en un mot, c'est s'identifier avec le Tout. L'intuition est la faculté maîtresse du génie dans les sciences et les arts ; l'identification appartient aux Christs.

Il y a des intuitifs qui n'ont pas de génie, parce que les autres facultés n'ont pas été suffisamment exercées. Ceux-ci pressentent, prévoient, mais sans pouvoir expliquer leurs pressentiments ou leurs prévisions. Ne les confondons pas avec les *sensitifs* et encore moins les *impulsifs*. Ces derniers (impulsifs) sont seulement doués d'énergie psycho-sensorielle, énergie qui peut être à la disposition et à la merci d'une passion, d'une suggestion. Les sensitifs sont plutôt passifs. Ils reçoivent les impressions diverses ; ils sont attirés ou repoussés, ils subissent avec plaisir ou répugnance certains effluves, s'éloignent ou se rapprochent suivant qu'ils éprouvent de la sympathie ou de l'antipathie, et cela sans cause apparente, sans réflexion. Ajoutons que la sensitivité n'exclut pas l'intuition.

Les impulsifs, au contraire, sont actifs, mais leur activité tout instinctive pourra être dirigée dans un sens ou dans un autre par celui qui, doué de volonté

calme et réfléchie unie à une grande force magnétique, voudra s'en emparer.

Quel est l'état psychique et cérébral du penseur ?

Les idées écloses et agitées dans le cerveau proviennent, comme on le sait, de trois sources : sensorielle, psycho-sensorielle ou de l'inspiration psychique.

Suivant son origine, le travail cérébral et mental
portera soit sur les sciences naturelles et positives,
soit sur les sciences morales et l'éthique, soit sur la
spéculation pure, philosophie et idéalisme.

Les aptitudes pour ces diverses branches de la
connaissance sont adéquates à l'état sensoriel, psycho-sensoriel ou psychique de chacun.

L'homme qui cesse de fixer son attention sur
l'idée qui l'occupe, qui se repose de ses travaux
intellectuels, ne tarde pas à percevoir dans son cerveau les idées déjà *vécues*, associées à de nouvelles
et *actuelles* idées. A la suite d'exercices répétés, les
cellules pensantes ont acquis une grande énergie et,
malgré la cessation de la concentration intellectuelle, elles continuent à agiter le mental. La pensée se continue automatiquement, en vertu de la
vitesse acquise, pourrions-nous dire, et elle se continuera d'autant plus longtemps et avec d'autant
plus d'intensité que l'excitation aura été plus vive
et l'exercice plus prolongé. C'est dans cet état que
le mental perçoit les idées sous forme d'hallucination. Toutes ces idées livrées à elles-mêmes, s'as-
sociant à d'autres, s'appelant mutuellement, viennent frapper le cerveau ; le *moi* les perçoit, mais ne

les retient pas pour le moment. L'idée se manifeste sous toutes les formes : idée-image, idée-auditive, idée-émotive, idée-morale, idée-métaphysique, etc.

Le verbe interne se fait entendre; les mots qui ne sont que la représentation de l'idée hantent le cerveau; telles sont les hallucinations psychiques. Que l'homme reprenne son travail intellectuel; par l'attention et les autres facultés, il arrêtera dans leur course les idées dont il aura besoin.

L'auto-suggestion psychique n'est que l'action de l'idée sur le mental, idée qui tend à dominer et à prendre la prépondérance sur les autres.

La suggestion psychique s'exerce sur le cerveau d'une façon analogue aux autres suggestions; mais, ici, le verbe écrit ou parlé, comme seul représentatif de l'idée, exercera *directement* une action. La vue d'un objet, l'audition d'un son éveilleront sans doute une idée, mais *indirectement*, parce que l'objet ou le son devra d'abord passer par l'organe externe, au lieu que le verbe n'affecte jamais celui-ci, en tant qu'idée, en tant que signification.

Il y a des hommes qui ont la faculté de transmettre leur pensée ou de recevoir la pensée d'autrui par le seul jeu des vibrations extériorisées du cerveau. Cette transmission s'effectue en divers modes : par le contact physique, auquel cas les vibrations suivent le trajet des nerfs, du point de contact au cerveau; par le rayonnement psychique, sans contact physique; ici les vibrations sont harmoniques et de même tonalité. La pensée ainsi transmise n'est plus la suggestion; c'est un mode vibratoire des cellules psychiques commun aux individus doués de cette faculté et en rapport harmonique.

2° *Morbide*

Si le cerveau est intact, si l'organisme est sain, l'ordre dans les idées sera toujours maintenu par la volonté. Mais survienne une lésion, un état morbide se répercutant sur le cerveau, ce sera le désordre, l'anarchie.

L'*Ego*, n'ayant plus qu'un instrument détraqué ne pourra plus s'en servir ou, s'il lui est encore possible de l'utiliser, les résultats seront médiocres, sinon nuls. Nous aurons la folie, avec ses divers caractères. Cette folie ne sera pas toujours déterminée par une lésion ou un accident physio-pathologique. Le *moi* peut abuser du cerveau et de ses organes, il peut ébranler ce délicat instrument; il peut le fausser soit en totalité, si l'étude porte sur l'ensemble des connaissances, soit en partie, si elle ne porte que sur une ou deux branches de ces connaissances. Nous aurons la folie d'ordre psychique pur.

Le *moi* et ses facultés sont en partie ou entièrement annihilés : l'homme vit comme une plante. Que la guérison s'obtienne et l'homme reprend la libre disposition de ses facultés et de leur organe. Le *moi* n'est pas anéanti, il ne peut l'être; il est seulement projeté au dehors, refoulé et mis dans l'impossibilité de se manifester. Le fou complet est rare; l'aliéné qui est réduit à la vie végétative ne se rencontre pas souvent. Dans ce cas, l'hallucination n'existe pas, l'hallucination psychique tout au moins. Dans la folie partielle et intermittente, l'idée qui a déterminé la folie reparaît à certains moments dans le cerveau et c'est alors qu'apparaissent les hallucinations. Les idées traversent le mental, sans que l'aliéné puisse fixer son attention sur elles ou les retenir par la volonté; ces idées, il les traduit le plus souvent par la parole et on assiste alors à des scènes tour à tour comiques ou tragiques, mais toujours attristantes.

L'idée fixe, voilà le prodrome de la folie, quand cette idée tend à écarter toutes les autres, quand elle veut seule dominer et qu'elle repousse le contrôle de la raison. Dans la folie partielle, l'homme raisonnera comme l'homme sain sur tout ce qui est étranger à son idée fixe, parce que les cellules cérébrales qui n'auront pas servi à l'éclosion et à l'entretien de cette idée seront saines.

Toutes les idées, d'où qu'elles viennent, peuvent amener la folie. Dans certains états, l'hallucination psychique peut être compliquée d'hallucination psycho-sensorielle et sensorielle. Toutes les sensations, tous les sentiments, lorsqu'ils envahissent l'homme, à l'exclusion d'autres, qu'ils s'imposent, qu'ils prennent possession de l'homme, peuvent donner lieu à la folie : c'est la lypémanie, l'érotomanie, la démonomanie, etc., etc., suivant l'idée dominante. Les visions, les auditions qui ne sont que la perception interne des idées-images, idées-auditives, etc., viennent assaillir l'halluciné. Le délire, la fièvre, un état pathologique général ou particulier peuvent encore compliquer l'hallucination. Ici, comme dans les autres hallucinations, l'homme est dans un état plus ou moins voisin du sommeil. Dans tous les cas pathologiques, du reste, le malade n'est jamais en possession complète de toutes ses facultés, quelles qu'elles soient. Même dans l'état normal, suivant le travail intellectuel ou physico-intellectuel, quand l'une ou l'autre des facultés, l'un ou l'autre des sens est exercé, les autres facultés et les autres sens sont plus ou moins obnubilés. C'est le sommeil partiel : sommeil relatif des sens et des facultés non exercés. C'est dire que la veille complète, telle qu'on la conçoit scientifiquement, n'existe pas ; il faudrait imaginer un homme purement passif ou purement actif, ce qui n'est pas.

X

Hallucination subjective collective d'ordre psychique

Normale et morbide

Une idée flotte dans l'air, dit-on vulgairement. L'expression est défectueuse, mais la pensée est exacte. Nous vivons non seulement dans l'atmosphère aérienne, mais encore dans l'atmosphère psychique. L'homme physique, tel qu'il nous apparaît, n'est pas tout l'homme ; il rayonne autour de lui ; sa pensée, ses idées, il les exprime, il les répand. Mais en dehors de la parole et de l'écriture, en dehors du signe matérialisé, son cerveau fait vibrer autour de lui d'autres cerveaux, et ceux qui sont au même diapason, qui vibrent à l'unisson, perçoivent les effluves psychiques. Ils sont perçus d'autant plus vivement que la puissance de rayonnement est plus grande. N'a-t-on pas vu des inventeurs, séparés par une longue distance, ne s'étant jamais connus, faire presque simultanément les mêmes découvertes? Ne voit-on pas une réunion d'hommes éprouvant de la sympathie les uns pour les autres, une même idée germer dans plusieurs cerveaux à la fois? Qu'est-ce autre chose, d'après notre définition, qu'une hallucination psychique? La suggestion qui s'exerce sur un seul s'exercera de la même façon sur une collectivité. De même la transmission de pensée. Le geste, l'attitude, la mimique éveilleront des idées et des pensées adéquates. La condition nécessaire, plus encore au phénomène psychique qu'aux autres, est le rapport harmonique entre les vibrations cérébro-psychiques.

La parole, le geste, l'attitude évoquent une pensée et cette pensée se transmettra avec d'autant plus de facilité que la vibration cérébrale provoquée chez l'auteur sera plus intense, en un mot que l'auteur sera plus ému, plus convaincu.

L'hallucination morbide aura lieu pour la collectivité comme pour l'individu, de la même façon. Elle revêtira les mêmes formes; il ne sera pas rigoureusement nécessaire que tous soient également atteints de la même affection, une simple prédisposition suffira.

Les données précédentes nous mènent sur la voie

et nous font concevoir l'état hallucinatoire collectif. Les expériences achèvent de confirmer la théorie.

XI

Hallucination objective individuelle d'ordre psychique

1° *Normale*

Les entités du monde supra-physique qui se manifestent à nous et qui nous influencent ne sont pas toutes de même nature et n'agissent pas d'une façon uniforme. Outre les facultés sensorielles et psycho-sensorielles plus ou moins sublimées, elle possèdent les facultés psychiques qui nous sont communes et déterminent dans notre cerveau des vibrations correspondantes à leurs propres vibrations. D'un côté transmission, d'un autre réception.

Dans notre sphère d'action, l'homme n'agit efficacement sur l'homme en mode psychique qu'autant qu'il y a harmonie entre eux. Il est évident que le mathématicien qui fera une démonstration ne sera compris que par ceux qui possèdent des notions suffisantes de mathématiques. Il en est de même de l'action des êtres supra-sensibles sur nous.

Comment distinguer cette action supra-physique de celle exercée soit par nos semblables soit par nos propres idées?

Ce n'est pas toujours facile, comme pour les autres hallucinations.

L'inspiration nous servira de guide. Le poète, le

savant, l'homme de génie parlent souvent d'inspiration. On connaît le démon familier de Socrate. On
a fort discuté à ce sujet. Naturellement, pour les
spirites et certains occultistes, ce *daïmon* n'était
autre qu'un être astral, chargé de veiller sur Socrate
et de lui inspirer de bonnes pensées. Pour les pro-
fanes, c'est tout simplement l'inconscient (inconscient inférieur évidemment, l'autre étant nié ou incon-
nu) qui se manifeste, et quand cet inconscient se manifeste ainsi sous forme d'hallucination, celui qui y
est sujet n'est ni plus ni moins qu'un fou, un mono-
mane. Voilà donc Socrate considéré par les uns
comme un inspiré, un médium, par les autres comme
un halluciné (dans le sens de folie hallucinatoire).

Il faut bien le reconnaître, Socrate, par l'élévation
de ses pensées, par ses mœurs, par sa vie publique
et privée, était digne de l'estime des hommes et de
l'admiration de la postérité. Il avait acquis cette
pureté, cette sublimité de vue par la pratique de
toutes les vertus, et il était sollicité par cette force
inconnue, mais réelle, qui nous attire. Dès lors, ses
idées en harmonie avec la Raison et l'Amour suprê-
mes pouvaient ne provenir que du *Soi collectif* dont
nous incarnons une partie et que nous nommons le
superconscient. Ce *Soi*, Socrate l'attirait ou l'allait
chercher, et son cerveau admirablement préparé en
recevait les effluves.

D'un autre côté, il pouvait recevoir des impressions, des émotions, des pensées d'un ordre contin-
gent ; les idées que nous puisons dans notre super-

conscient sont générales, d'ordre absolu. Nous ne faisons qu'un triage, qu'une adaptation. Le langage intérieur, la vision interne, l'impression cérébrale que nous ressentons, sont, à certains moments, de provenance étrangère à notre mental ; nous ne nous y trompons pas, et malgré tous les raisonnements les mieux étayés en apparence, notre conviction est inébranlable.

Le caractère de l'hallucination objective est la spontanéité : du moins, c'est à cela qu'on peut la reconnaître. Nous l'éprouvons tout à coup, sans que rien nous y ait préparé ou nous l'ait pressenti. Tel pouvait être le cas de Socrate.

Nous avons cité ce philosophe comme nous pourrions en citer bien d'autres, des religieux et des écrivains de premier et de second ordre. De nombreux faits contrôlés viennent appuyer cette opinion.

On nous dit que l'expérimentation suivie n'est pas possible, qu'on ne peut produire et reproduire le fait à volonté et que, par suite, le fait n'est pas *scientifiquement* démontrable. Évidemment, les êtres invisibles qui nous entourent, comme les hommes eux-mêmes, ont une volonté, des caprices ou même un pouvoir limité. Vouloir imposer à ces sortes d'expériences le même mode d'investigation qu'aux expériences de physique ou de chimie est chose absurde.

Prenons un fait. Étudions-le, quand il se présente ; tâchons de provoquer son retour ; cela est quelquefois possible et, dans ce cas, nous pourrons nous faire une opinion.

Nous accusons les savants officiels de fermer volontairement les yeux. L'Académie, les corps savants, en tant que corps officiels, sont rebelles à cette études à laquelle ils répugnent pour des raisons diverses. Mais ce que ne veut pas voir, ce que ne veut pas étudier et admettre l'Académie, quelques académiciens isolés l'ont vu et reconnu. Par respect humain, par crainte de l'opinion (ô sens commun !), par crainte de déplaire aux collègues ou enfin pour tout autre motif, ils n'avouent pas leur conviction intime ou plutot ils tâchent de l'étouffer sous des mots sonores et *scientifiques* (!), dans des raisonnements dont la raison est bannie. Qu'ils se bornent plutôt à exposer les faits simplement, sans commentaires, cela vaudra mieux pour leur réputation posthume. C'est tout ce que nous leur demandons... pour le moment.

L'hallucination dont nous parlons n'est pas toujours et simplement psychique. Elle est encore compliquée d'hallucination sensorielle et psycho-sensorielle.

L'être qui se manifeste peut se manifester dans ces trois modes à la fois ; dans ce cas, si l'objectivité psychique est réelle, elle pourra devenir physique. C'est ainsi qu'on aura une preuve de la réalité de l'être.

L'hallucination psychique pourra persister, alors que l'hallucination psycho-sensorielle cessera pour devenir perception externe. L'entité se manifestera à la fois dans le monde psychique et dans le monde sensible et physique. Plusieurs êtres peuvent encore agir de concert ; les hallucinations sont multiples et variées.

Il est possible, dira-t-on, de confondre cette hallucination avec celle dite télépathique. Pour résoudre la difficulté, la personne n'aura qu'à interroger autour d'elle, faire son enquête et attendre le retour des manifestations. Si l'hallucination se renouvelle à intervalles inégaux, si la manifestation ne peut, par son caractère, par ses révélations, être attribuée à un être terrestre, force est bien de conclure à une hallucination objective.

2º *Morbide*

Combien de cas de folie dont la cause est inconnue par les aliénistes ! On épuise toutes les conjectures, le diagnostic ne révèle rien d'anormal dans l'organisme, et cependant il faut conclure. Écartons toutes les hypothèses d'hallucinations subjectives provoquées par des lésions, des principes morbides, des déviations anormales d'un organe, des suggestions ; que reste-t-il comme hypothèse, sinon celle d'une action extra-humaine ?

Un exemple. Voici un homme sain constitutionnellement et ataviquement à tous les points de vue. Rien dans sa vie, rien dans ses occupations, dans ses émotions, dans ses fréquentations ne décèle le moindre dérangement d'esprit. A un moment quelconque, brusquement, son cerveau se trouble, ses

6

idées changent; il devient sombre, mélancolique; puis il divague, il profère des discours insensés, il se livre à des actes étranges. L'aberration de l'intelligence est complète, et cependant il a, par instants, comme un réveil. Il reprend conscience de lui-même ; il rougit de ses propos ; il en cherche la cause et ne la voit pas. Une force invisible, lorsque les accès surviennent, semble le subjuguer. Il résiste quelquefois, c'est en vain, il faut qu'il obéisse. Interrogez-le et vous vous convaincrez qu'il y a une cause supra-physique et intelligente.

Nous n'avons pas parlé, dans nos chapitres précédents, de l'*envoûtement*. Il est encore temps. Considéré jadis comme un conte de fée, l'envoûtement est aujourd'hui un fait positif. La personne puisamment douée au point de vue de l'action magnétique, mais qui n'use de sa faculté qu'en vue de nuire, peut, si l'on met à sa disposition des cheveux, des rognures d'ongles, etc., ou même des objets portés par celui qu'elle veut envoûter, saturer ces divers objets de son propre fluide qu'elle rend nocif par sa volonté et exercer sur eux l'action qu'elle exercerait sur l'envoûté lui-même. Elle le peut même après s'être mis en *rapport* avec lui. Elle peut encore modeler une figure de cire qu'elle rend ressemblante à l'envoûté, faire sur cette figure des piqûres qui se répercuteront sourdement sur la victime. Il est bien entendu que la cire aura été en contact direct ou indirect avec cette dernière.

L'expérimentation scientifique a confirmé le fait. Il se peut que la folie ait cette cause; mais en tendons-nous. Dans ce cas, il se produira forcément une lésion dans les centres nerveux et la personne souffrira physiquement.

Enfin, on a l'obsession périodique ou intermittente qui revêt les caractères auxquels un œil exercé ne peut se méprendre. L'obsédé proférera des propos qu'il serait incapable de tenir à l'état normal, et en même temps ces propos révéleront la présence d'un être absolument étranger à notre milieu.

Cette folie, tout d'abord et quelquefois purement psychique, peut se compliquer de folie psycho-sensorielle et de délire, en vertu de ce principe que toutes les parties de l'être humain sont reliées entre elles par une trame sans solution de continuité, et que, par suite, le coup porté sur un point se répercute sur l'ensemble. L'homme peut devenir successivement la proie de toutes sortes d'entités malfaisantes, agissant sur son individualité pensante et sentante. Si l'on ajoute à cela que l'organisme peut encore être atteint de maladies diverses, on voit combien les hallucinations se compliquent.

Quand la folie psychique passe par ces diverses étapes et qu'elle n'est observée que vers la fin, la cause primordiale ne sera pas facile à établir ; et comme on est naturellement porté à l'attribuer aux désordres physiques, on ne manquera pas de le faire, et cependant qu'elle ne sera pas l'erreur !

XII

Hallucination objective collective
d'ordre psychique

Normale et morbide

L'entité astrale peut agir sur la collectivité comme sur l'individu. Les vibrations cérébrales s'extériorisant se propagent sous l'impulsion de cette entité qui combinent ses propres vibrations avec celles des cerveaux éthérisés. Les mêmes difficultés se présentent ici pour la détermination de l'origine hallucinatoire. La question est celle-ci : un ou plusieurs individus sont-ils étrangers psychiquement à la manifestation ? La manifestation peut-elle provenir d'un être humain agissant à distance ? Les moyens d'investigation sont à notre portée. Qu'on s'interroge, qu'on interroge autour de soi.

Si l'entité qui se manifeste en mode hallucinatoire d'abord, révèle sa personnalité ou son individualité ensuite par des actes perceptibles en mode externe, s'il y a des révélations d'ordre intime que ne peuvent soupçonner ni les membres de la collectivité, ni aucun être humain, il semble qu'on ait bien le critérium de l'objectivité hallucinatoire. Ce critérium sera renforcé et deviendra l'évidence si des appareils photographiques ou autres enregistrent le fait.

En tout cas, il faut user d'une grande circonspection, posséder tout son sang-froid et toute sa raison. Avec l'expérience déjà acquise, en tenant compte de tous les caractères connus de l'hallucination en général, il est possible d'arriver à la certitude, quant à l'origine hallucinatoire.

Suivant les temps, suivant les époques, les hallucinations collectives revêtent un caractère epidémique. On a vu les trembleurs, les convulsionnaires, etc. Les prophéties, les visions, les troubles hallucinatoires se sont propagés et ont révélé l'action d'êtres supra-physiques dans la plupart des cas. Initialement il en doit être ainsi ; que, par la suite, en s'étendant et en se propageant, ces hallucinations revêtent un caractère sujectif, c'est possible ; mais si la prophétie, par exemple, se réalise, si le prophète ou le voyant précise des faits futurs, que rien dans le passé ne puisse faire prévoir, nous n'hésitons pas à tenir pour certain qu'il y a bien là objectivité hallucinatoire. Nous n'entendons parler ici que des hommes ordinaires et non des *missionnés* ; ces derniers, des initiés, ont l'intuition.

Qu'on retienne bien notre argumentation : nous parlons de *faits* et de *circonstances* précis, détaillés, prévus et prophétisés. S'il y a du vague, de l'incertitude, l'état hallucinatoire peut être subjectif, il peut être attribué à l'action du superconscient en rapport avec le soi collectif. L'halluciné qui possède intactes toutes ses facultés ne se trompera pas quant à l'origine de l'hallucination ; il s'agit pour lui de convaincre les autres. Or cette conviction ne s'impose pas, il faut des faits, il faut l'observation qui est toujours longue et difficile.

6.

L'hallucination collective peut être morbide comme les autres. Les individus réunis peuvent être atteints de folie, tous ensembles ou successivement. La prédisposition des uns facilitera l'action des autres sur eux.

L'être astral peut agir sur un seul et celui-ci agit à son tour sur les autres; il peut également influencer plusieurs à la fois. Il appartient à la sagacité de chacun d'étudier tous les cas et de les caractériser.

Toutes les hallucinations que nous avons passées en revue affectent l'homme éveillé. Dans la veille, dans la pleine conscience, quand l'homme est sain, qu'il jouit de toutes ses facultés et qu'il a un certain acquit, le caractère hallucinatoire sera généralement facile à déterminer. Dans le sommeil il en est autrement; l'homme qui s'étudie lui-même n'est plus en possession de toutes ses facultés, il n'a pas la pleine conscience de lui même; il aura recours à l'homme éveillé qui le dirigera, qui, par là-même, s'initiera aux mystères du sommeil et du rêve. Mais entre ces deux hommes, dont l'un vit de la vie hallucinatoire et l'autre de la vie physico-psychique, il faut établir un lien, il faut étayer les observations par des faits d'ordre sensible en correspondance toujours constante avec les faits d'ordre supra-physique. Il faut, en un mot, connaître la loi, les rapports de l'âme et du corps, de l'organisme interne et de l'organisme externe, des facultés pensantes et des cellules cérébrales.

CHAPITRE III

TÉLÉPATHIE

Pour qu'une hallucination se produise d'une façon générale, il faut le concours de deux facteurs:
l'un qui agit, l'agent, l'autre qui reçoit, le patient.
Le premier est l'excitateur, le second, le récepteur.
C'est dans l'hallucination subjective, le dédoublement de la personnalité, expression impropre, mais
consacrée.

L'hallucination télépathique est, comme les précédentes, sensorielle, psycho-sensorielle et psychique. C'est un fait physique qui est perçu intérieurement, dans le plan organo-sensoriel ; c'est encore une affection perçue dans le plan psycho-sensoriel, ou enfin une pensée transmise et saisie dans
le plan psychique. Il va de soi que le fait, quel qu'il
soit, est hors de la vue ou du contact de la personne
qui le perçoit.

Ces phénomènes hallucinatoires que nous catalo-
guons ainsi, sont, le plus souvent, compliqués. Le fait
physique peut s'allier au fait psychique ou psycho-
sensoriel ; l'hallucination revêt alors tous les modes.

Il semblerait, au premier abord, que le fait télépathique dût se confondre avec la suggestion. Le
caractère suggestif apparaît en effet quelquefois.
Nous allons diviser cette hallucination en trois catégories : la première comprend toutes celles qui

ont pour agent un auteur éloigné, étranger à la personne qui subit l'hallucination, en espèce, le patient ; la deuxième comprend celles qui ont pour agent la personne même ; la troisième celles qui sont déterminées à l'aide d'une personne interposée ou intermédiaire.

Première catégorie. -- Une scène se passe à Calcutta ; immédiatement, un habitant de Paris perçoit la scène, et cela subitement, inopinément. Un homme meurt à cent lieues de Paris ; aussitôt l'habitant de Paris a une vision, le décédé lui apparaît. A un moment quelconque, il ressent une impression gaie ou triste, il a un pressentiment, ou encore il perçoit une conversation, une phrase dont le sens est très net.

Évidemment, il n'est ici que le patient ou le percipient ; l'agent est là d'où émane le fait, l'impression ou la pensée.

Peut-on dire qu'il y a suggestion ? Oui, si l'on attache à ce mot l'idée commune, idée de transmission *voulue*. Non, si l'on entend que le patient est affecté objectivement. C'est au surplus une discussion de mots et nous n'y attachons pas autrement d'importance.

Deuxième catégorie. — La personne possède la faculté de voir, d'entendre hors de la portée de ses sens, de lire dans la pensée, sans contact. Elle se transportera astralement ou elle *radiera* sa faculté de perception interne vers le lieu qu'elle voudra ou encore elle attirera astralement l'objet éthérisé qui lui plaira. S'il y a sortie de corps astral, nous tombons dans l'hallucination hypnique et cela ne rentre pas dans ce chapitre. Si au contraire le fait objectif est par elle ramené dans son plan psycho-sensoriel ou psychique, elle a une hallucination qu'elle a elle-même provoquée et cela sans dédoublement, sans hypnose. Mais ce cas doit être rare.

Troisième catégorie. — 1° Un tiers, entité vivante ou astrale, suggère à la personne l'idée de se transporter en astral ou mentalement à un endroit éloigné ; 2° il réalise dans le plan astral de la personne une scène ou un spectacle quelconque qui a lieu à distance ; 3° ou encore il agit sur ce dernier point et transmet à la personne la vision ou l'émotion qu'il désire procurer et qui n'est que le reflet exact du phénomène physique.

L'hallucination peut être réciproque, l'agent peut devenir patient et le patient peut devenir agent dans un même fait ou plutôt dans des faits consécutifs. Mais nous ne croyons pas que le cas se produise en dehors du sommeil naturel ou provoqué.

Il n'est pas possible de confondre l'hallucination télépahtique avec les autres, car il est facile de contrôler les faits. Si le contrôle n'est pas possible ou ne donne aucun résultat, on sera, jusqu'à un certain point, en droit de l'attribuer soit à la subjectivité, soit à l'objectivité supra-terrestre.

La transmission de pensée que nous pourrions dénommer hallucination télépathique d'ordre psychique, quand elle a lieu sans contact, n'est autre que la vibration harmonique de deux cerveaux. Les cas ne sont pas très rares. Ne la confondons pas

avec la transmission de mouvements vibratoires obtenue par le contact; on est trop porté à faire cette
confusion. Dans ce dernier cas, le patient ne *lit pas*
dans la pensée, il est incapable de répéter les mots
prononcés; il ne ressent que des impulsions qu'il
traduit plus ou moins fidèlement. Dans le premier
cas, la perception est nette et les mots pensés sont
littéralement traduits. Il se peut que dans les deux
cas, on obtienne des résultats satisfaisants; c'est
qu'alors les vibrations cérébrales sont harmoniques, c'est que le *liseur de pensée* peut harmoniser lui-même son propre cerveau avec celui de
la personne avec laquelle il s'identifie pour ainsi
dire.

On comprend que l'hallucination télépathique,
comme toutes les autres, puisse devenir collective.
Mais remarquons que, dans ce dernier cas, les conditions qui doivent concourir au fait sont plus difficiles à obtenir, quant l'agent agit à distance. En
effet, si l'agent appartient à notre monde, il ne vi-
sera et ne pourra viser qu'une personne à la fois,
en thèse générale; autrement il faudrait lui suppo-
ser une puissance qu'il n'a pas dans l'état actuel.
Que les vibrations ainsi provoquées se communiquent dans une réunion de personnes, cela est
possible, et encore faudra-t-il qu'il y ait préparation
Il se peut encore que le patient ait à son côté un sensitif ou un médium; il ne sera pas impossible que la
perception devienne ainsi collective.

L'hallucination télépathique comprend tous les

faits d'ordres sensoriel, psycho-sensoriel et psychique connus.

L'halluciné peut éprouver la même joie, la même douleur, le même mal que l'agent. Il peut lui-même être atteint de diverses affections ; il peut à la fois éprouver des hallucinations mixtes, subjectives ou objectives morbides. Mais de ce que l'halluciné aura la fièvre, qu'il sera atteint de démence, il ne s'ensuivra pas que toutes ses hallucinations doivent être forcément subjectives. La télépathie a également prise sur lui et même, dans certains cas, beaucoup plus qu'à l'état sain et normal.

La télépathie s'observe non seulement à l'état de veille, mais encore dans le sommeil et états intermédiaires. On pourrait même dire à la rigueur que l'halluciné, à quelque catégorie qu'il appartienne, n'est pas éveillé dans le sens que nous donnons à la veille. Mettons qu'il est en sommeil tant que dure l'hallucination.

Il y a cette différence entre les hallucinations subjectives et objectives, c'est que le patient ne peut jamais éviter les hallucinations objectives ou télépathiques spontanées, au lieu qu'il peut résister à l'hallucination subjective. Il pourra toujours, s'il est sain, faire cesser cette dernière ou encore la prolonger, mais il ne pourra jamais *prolonger* à son gré la première.

Nous ne croyons pas utile d'insister sur tous les caractères de la télépathie. Disons seulement que cette hallucination peut affecter soit les sens internes, soit l'âme affective, soit l'intelligence, ensemble ou séparément. Elle sera comme les autres, visuelle, auditive, etc.

CHAPITRE IV

L'HOMME ENDORMI NATURELLEMENT

Hallucinations de toute nature

1re *Normales*

Nous avons vu comment on passe de la veille au sommeil. Le sommeil normal peut être observé dans trois plans différents et successifs et remarquons que l'ordre est toujours observé : assoupissement, sommeil superficiel, sommeil profond.

Il y a une quatrième phase, mais qui nous échappe complètement, quant à l'observation directe : on peut la nommer : le sommeil extatique.

Considérons ces phases séparément. Dans l'assoupissement, c'est le sub-conscient qui se manifeste au conscient. Le *moi* assiste aux scènes du sub-conscient, dans le plan organique. Il peut secouer la torpeur qui envahit les membres et revenir à la veille. Dans cet état, toutes les hallucinations doivent être le plus souvent purement subjectives. Nous avons fait à ce sujet des observations personnelles qui nous autorisent à être aussi affirmatif. Les scènes se passent dans les couches optiques et acoustiques. Les organes du goût et de l'odorat sont inertes ou en inhibition. Seuls les sens de la vue et de l'ouïe sont affectés. Il ne peut plus être question ici d'hyperesthésie ou d'anesthésie. L'œil ou l'oreille ne percevront pas anormalement, mais ils seront affectés sur un plan différent.

Le *moi,* dans cet état, est toujours libre. Bien des personnes, le plus grand nombre, ne se rendent pas compte du fait : il s'agit d'observer.

Insensiblement, le sommeil s'approfondit, et nous passons à l'état suivant. Ici, le sub-conscient se dégage des organes ; il rayonne autour d'eux, à peu de distance. Le *moi,* dans ce passage, a perdu toute notion de temps et d'espace ; le vouloir est annihilé; puis, peu à peu, quand le sub-conscient est parvenu à se dégager complètement, sans toutefois s'éloigner à une trop grande distance, le *moi* reprend conscience de lui-même et alors il assiste aux scènes du rêve.

Les cellules du grand sympathique se sont extériorisées et se meuvent dans une trame plus ou moins élastique. Avant tout, faisons remarquer que le circulus vitalo-sanguin restant toujours maintenu dans le corps, les cellules extériorisées seront elles-mêmes rattachées au corps par l'intermédiaire des cellules du sang qui, elles, ne s'extériorisent pas ; elles émanent simplement une vapeur *sui generis.* Cela, on le comprend aisément. Si la vie s'échappait entièrement, ce serait la mort. Dans ce deuxième état, les scènes de la veille, les images, sons, etc., emmagasinés par les cellules sensorielles et psycho-sensorielles vont se reproduire; mais livré à lui-même, le sub-conscient va confondre, mêler toutes les scènes *vécues,* anciennes et récentes, qui se dérouleront sous le regard du *moi* comme un vrai pandemonium.

Nous avons dit que l'*ego* prend conscience de lui-même. Il ne le fait pas toujours, le plus souvent même, parce qu'il préfère se laisser aller au gré du sub-conscient qui le porte tantôt ici, tantôt ailleurs : tel un vaisseau sans pilote ou plutôt tel un pilote qui laisse aller son vaisseau au gré des vents.

Il s'agit de s'exercer : avec de l'entraînement on peut parvenir à être le maître au lieu d'être l'esclave.

Un deuxième passage reste à franchir pour parvenir au troisième état : sommeil profond. Quel est ce passage ? Le sub-conscient tend à s'éloigner du corps ; l'*ego* tend à s'éloigner avec lui, pour entrer en relation, si possible, avec le monde objectif. Il y a donc un effort à faire, une trouée à percer à travers les courants astraux. C'est le sub-conscient qui a besoin de se charger de fluide pour le transporter ensuite dans les organes au réveil. Il est en ceci semblable à l'habitant des villes qui, enfermé pendant des jours dans son appartement, ouvre d'abord sa fenêtre, puis, l'air de la rue ne lui suffisant plus, prend la détermination d'aller respirer l'air des champs.

Le sub-conscient va donc se transporter dans des régions plus saines ; l'*ego* va assister à des scènes d'un autre genre, sur un autre théâtre. Dans le sommeil profond, comme dans le superficiel, il se mêlera sans doute des scènes subjectives aux scènes objectives ; mais l'*ego*, plus libre, plus dégagé, pourra se ressaisir et dans ce nouvel état, il commandera au sub-conscient. Il sera ici comme à l'état de veille, analogiquement, avec cette différence qu'il vivra dans un autre milieu, sur un autre plan, avec des moyens de perception et de locomotion différents. C'est dans cet état qu'on a des *songes*. Le rêve appartient plutôt aux états inférieurs. Le songe a pour caractéristique l'objectivité et, si l'on peut se le rappeler au réveil, on constate une différence très marquée entre ses caractères et ceux du rêve.

Pourquoi le souvenir ne se conserve-t-il pas, ou, s'il se conserve, pourquoi se perd-il aussi vite? En principe, pour conserver le souvenir d'un songe, il faut que le réveil ait lieu immédiatement ou qu'il n'intervienne pas des rêves subséquents; et il faut avoir soin de le noter aussitôt.

Les facultés psychiques ont pu s'exercer tant soit peu dans le deuxième état; mais elles s'exercent bien mieux dans le troisième, et cela se conçoit, puisque l'*ego* est plus libre. Dans l'état précédent, l'*ego* est à la merci du sub-conscient qui vit dans l'astral inférieur, nous dirions le propre sub-conscient de la planète; dans le deuxième il a détendu les liens qui le retenait dans les courants organo-astraux, et il s'est élevé dans des régions plus saines.

En thèse générale, le premier état marque la période des hallucinations sensorielles; le deuxième celle des hallucinations psycho-sensorielles et le troisième celle des hallucinations psychiques. Ce n'est pas à dire qu'ils soient absolument distincts: c'est plutôt le mode de percevoir, de sentir et de *vivre* qui diffère.

Voyons le rôle des agents externes. Avant et pendant l'assoupissement, une musique douce, agréable ou triste, une odeur, un léger bruit, etc., vont déterminer une rêverie adéquate. Une romance plaintive déterminera une vision, une scène d'amants malheureux, d'un père qui pleure son fils, etc. Un chant guerrier rappellera des scènes patriotiques, l'odeur de la rose provoquera la vision d'un parterre, etc.

Une lecture qu'on aura faite, un spectacle auquel ou aura assisté, rappelleront les images, les scènes vécues et évoqueront des idées adéquates.

Dans la phase suivante, les idées ainsi évoquées se continuent : ces idées en rappellent d'anciennes : d'où une association d'images, de sons, etc. Ces images, ces sons évoquent à leur tour des émotions, etc.

En dehors de ces évocations *in limine*, le sommeil se ressentira des scènes vues à l'état de veille, dans le jour ou dans les jours précédents. Il sera agité ou calme, suivant les dispositions.

Une vie régulière, paisible sera coupée de sommeils toujours sains et réparateurs et on atteindra toujours le troisième état.

On observera que l'homme inquiet, tourmenté, l'homme des villes surtout, n'aura qu'un sommeil léger, superficiel, il n'aura que des rêves et presque jamais des songes. Ce n'est que dans le troisième état, au point de vue physiologique, qu'on peut se charger d'effluves vraiment salutaires : c'est pourquoi le calme et la paix sont nécessaires.

Les formes vues dans les rêves des deuxième et

troisième état sont à la fois subjectives et objectives et elles se confondent : cependant, dans le troisième, elles peuvent, très souvent, être distinguées.

Nous avons avancé que le premier état n'amène que des hallucinations subjectives : c'est que tout se passe dans les organes internes et que par suite les êtres astraux pénètrent difficilement dans les organes. Nous parlons, bien entendu, de l'homme normal, laissant de côté la médiumnité et les états plus ou moins anormaux. En tous cas, s'il y a quelquefois objectivité ou si l'objectivité peut être constatée, c'est que le premier état a été franchi, sans qu'on s'en doute.

L'expérimentation n'a pas révélé grand chose dans le sommeil naturel, au point de vue psychologique. Cependant si l'on peut assister d'abord à l'assoupissement, puis au sommeil plus ou moins profond d'une personne, en se maintenant *en rapport* avec elle, on peut obtenir quelques résultats.

La mère, par exemple, pourra expérimenter sur son enfant, mais il faut que l'enfant soit d'un âge suffisamment avancé. Elle le bercera en lui contant une histoire ; elle surveillera les premiers moments du sommeil ; elle se mettra en contact avec lui, en lui prenant la main. Au premier sommeil elle continuera son histoire, et elle entremêlera son récit, de questions qu'elle lui posera ; elle lui suggèrera des idées, lui décrira des scènes ; l'enfant répondra, manifestera des émotions diverses.

Les sensations internes, les émotions du sommeil se répercutent sur les organes. C'est ainsi qu'on est brusquement réveillé par un soubresaut : une image, une scène vive a déterminé une émotion ou une sensation qui, par sa vivacité, a retenti jusque dans l'organe : d'où le réveil. Les mouvements musculaires, les gestes, l'attitude, les larmes, le rire, en sont un exemple.

Les rêves organo-sensoriels sont déterminés par l'influence prépondérante des sens ou des organes des sens, ceux des organes psycho-sensoriels par celle des plexus nerveux et du cervelet et les rêves psychiques par celle du cerveau éthérisé.

Les rêves ne sont autres que des hallucinations, on l'a compris. Si nous nous conservons ce mot, c'est pour éviter toute confusion.

Les rêves des deux premières catégories ont lieu dans les deux premiers états ; mais ici l'élément intellectuel a souvent sa part. Quelle part ? Il peut analyser ses sensations et ses émotions. Dans le sommeil profond, les sensations sont transformées ; elles sont, pour ainsi dire, sublimées, et le dormeur goûte la joie et le bonheur, au lieu du plaisir simple ; de même, il éprouve de l'angoisse au lieu de la douleur physique. L'intellectualité pure, les spéculations d'ordre élevée se donnent libre carrière et toutes les manifestations soit de l'intelligence, soit de l'affectivité, soit même de la sensation, sont d'autant plus élevées que le sommeil est plus profond.

On ne passe pas d'un sommeil à l'autre sans éprouver, lors du passage, comme une sorte d'anéantissement ou plutôt d'obnubilation des facultés. Ce

passage est généralement court, suivant les dispositions ; mais il est facile de le noter.

Nous connaissons la cause physiologique du sommeil. En l'absence de tout agent étranger, c'est le
grand sympathique qui s'extériorise et va s'impré-
gner de fluides nouveaux. C'est *le besoin* qui le
pousse. Ce besoin est instinctif ; c'est donc l'instinct
qui commande ; il commande au sub-conscient,
dont il est le chef. Les manifestations de l'être instinctif qui est en nous serons absolument étrangères
au *moi* ou à l'âme véritable, qui ne peut rien sur
lui, en l'état actuel de notre évolution planétaire.
Il préside à la vie organique. Le *moi* doit seulement
constater sa présence, arrêter ses écarts, le maintenir dans sa voie et l'empêcher d'envahir l'âme et de
la dominer.

L'âme affective sera à son tour, sous la poussée
de l'instinct, possédée du *désir* de retrouver dans
l'ambiance ce qui l'attire ou ce qui l'occupe : c'est
donc le *désir* (ou besoin de l'âme affective) qui pré-
sidera aux fonctions de cette dernière ou plutôt à
ses destinées et à son évolution.

L'âme intelligente, celle qui veut et qui sait, sera
entraînée elle-même par *ses aspirations*; elle trouvera à son tour son champ d'études et d'expériences.

Ces trois portions de l'être humain s'influencent
réciproquement, et suivant l'importance qu'elles
auront dans la vie de relation, elles joueront dans
le sommeil un rôle plus ou moins effacé, plus ou
moins prépondérant.

C'est dans le sommeil que nous pouvons réellement constater la complexité de notre être. Pendant la veille, assurément, si nous nous observons avec soin, nous ferons cette constatation, mais comme nous pouvons mettre en jeu simultanément, à notre volonté, toutes nos puissances, la synthèse que nous faisons dans cet état ne nous révèlera pas ce qui est réservé à l'analyse expérimentale du sommeil.

Le sommeil est donc le dédoublement ou plutôt le déroulement des puissances de l'être.

Dans la veille normale, à part les fonctions organiques qui sont indépendantes de la volonté, nous sommes en possession de toutes nos facultés et nous pouvons en disposer librement. Il n'en est pas ainsi dans le sommeil. L'*ego* est ballotté, entrainé, suggestionné, ému, soit par le sub-conscient soit par le super-conscient.

Le super-conscient, dont nous n'avons pas encore parlé, attire à lui les puissances supérieures de l'être, quelles qu'elles soient. Que ce soit l'intelligence pure, ou l'amour pur (affectivité sublimée), si l'homme endormi est porté par ses aspirations vers l'idéalité et l'amour pur, il sera enlevé, *ravi*. Ici, nous touchons au sommeil extatique; mais nous ne ferons que l'effleurer. L'extatique endormi ne peut se rendre aucun compte, quand il revient à la veille, de l'état où il s'est trouvé. Il n'est donc pas possible de l'analyser. Le langage, du reste, serait impuissant. Le dormeur extatique est hors de la mentalité ordinaire, hors du monde psychique; la mystique seule peut, dans une mesure bien faible, nous en donner une idée. L'extatique constate simplement au réveil, qu'il se trouve sous l'influence d'une puissance innomable et indéfinissable, il éprouve une joie intime dont il ne peut rendre compte par des mots.

La volonté dont nous n'avons pas parlé est l'*ego* même. Elle s'exerce dans tous les plans hypniques ; il s'agit de savoir quelle est sa part, quel est son pouvoir. Elle *doit* en principe être la force dirigeante ; mais pour diriger une machine aussi compliquée, il lui faut une boussole. Sans boussole, elle ne dirigera rien, elle restera inerte ou indifférente, à la merci du sub-conscient ou des êtres divers. Si elle a un but simplement, elle cherchera à l'atteindre ; mais si elle est dépourvue de connaissance, si elle ignore ses ressources, les moyens de s'exercer, elle ne pourra que se heurter à tous les obstacles sans parvenir à les vaincre. Qu'elle s'instruise, qu'elle se perfectionne, elle atteindra son but. Ce but, quel qu'il soit, implique une *idée*. Cette idée proviendra soit du sub-conscient, soit du super-conscient, soit de l'ambiance, soit de la conscience qui réfléchit. L'idée provenant de cette dernière guidera la volonté qui, par suite de la compréhension ou plutôt de l'assimilation de l'idée, dirigera sûrement sa force psychique, dans le sens *utile*. Seulement, qu'on remarque que la conscience ne génère pas les idées, elle ne fait que se les assimiler ; leur source est ailleurs, nous l'avons dit, dans le sub-conscient, le super-conscient et l'ambiance. L'homme existe, il constate son existence, mais il se rend parfaitement compte qu'il ne tire pas son existence de lui-même. De même une idée surgit, il se rend également compte qu'il ne lui a pas donné naissance. Qu'à la suite d'une évolution plus ou moins longue, il finisse par confondre l'idée avec l'*ego* ou la conscience, c'est en effet ce qui arrive, mais s'il s'étudie avec soin, s'il scrute son être intérieur, il sépare ces deux choses et il voit le moi constitué simplement par la conscience et la volonté. Il puise *primitivement* dans la conscience universelle qui contient en soi toutes les potentialités et partant toutes les idées ; il se différencie de cette universalisation comme la cellule du sang se différencie de la cellule nerveuse, et cependant ces deux sortes de cellules proviennent d'une source unique. Il est d'abord sub-conscient.—N'abordant pas ici la question de la genèse animique ; constatons seulement.— Il est sub-conscient, on le voit dans l'enfant, puis il devient conscient dans l'âge mûr. Et comment cette transformation s'opère-t-elle ? Elle s'opère sous l'influence de l'attraction supérieure, du super-conscient qui, par l'aspiration de l'être, par sa croissance psychique, se réunit peu à peu et dans la mesure possible, à l'âme humaine.

D'autres éléments interviennent : les milieux physiques et psychiques. L'homme en tant qu'individu, n'a pas été créé seul dans le principe ; Adam est l'être collectif. On objectera ceci : pourquoi ces différences dans tous ces *ego*, puisqu'ils proviennent d'une source unique ? Ils devraient tous se ressembler et ne former qu'un seul être. Pourquoi la multiplicité ? et comment s'explique-t-elle ?

A ceci, nous répondrons simplement : pourquoi ce plan-ci et pas un autre ? Pourquoi tous ces plans-ci et pas un plan unique ? La cosmogonie nous en donne l'explication, mais non la raison. Bornons-nous à constater que le transformisme physique, animique et psychique tant du macrocosme que du microcosme est une loi qu'on étudie, qu'on tâche de comprendre mais dont on est incapable de comprendre la *cause*. On ne comprend pas plus la cause suprême dans l'ontologie divine et cosmique, qu'on ne comprend la cause dans l'ontologie humaine. Il suffit de reconnaître qu'elle *est*, qu'elle ne peut pas ne pas être, qu'elle est la raison suffisante de *tout*, des noumènes et des phénomènes.

Prenons l'homme terrestre, tel qu'il est, à ce moment même de notre évolution. La volonté agira dans un sens ou dans un autre, en vue du bien ou du mal, en vue du bien si elle est éclairée, en vue du mal si elle est ignorante. Elle sera encore incapable d'agir dans aucun sens.

En ne perdant pas de vue ces notions, nous nous expliquerons facilement ce qui se passe dans le sommeil.

Supposons un homme dont la volonté est absolument inactive et dont la conscience est à l'état rudimentaire; il est évident qu'il sera à la merci de tous les éléments subjectifs ou objectifs qui interviendront dans ses rêves et que, par suite, ils ne laisseront pas plus de traces chez lui que les enseignements qu'on pourrait donner à un enfant à la mamelle.

Supposons au contraire un homme à la volonté absolument active éclairée par une conscience supérieurement développée. Les faits seront tout autres, sinon dans leur essence, du moins dans leur manifestation. L'*ego* dirigera, commandera, il distinguera le sub-conscient du super-conscient, et il s'affirmera, se reconnaîtra dans ce monde supra-physique.

Sera-t-il bon ou mauvais ? Car l'homme intelligent et même supérieurement intelligent peut être profondément vicieux ou foncièrement vertueux.

S'il est mauvais, il se servira de son pouvoir, il maniera les forces astrales dans le but de satisfaire ses passions, ses rancunes ou sa méchanceté. S'il est bon, ce sera le contraire. Dès lors, dira-t-on, qu'elle sera l'issue de la lutte entre les bons et les méchants, s'ils ont un pouvoir égal ? Ce n'est pas le moment d'examiner cette question. Bornons-nous à dire, pour calmer les âmes craintives, que le mal *est toujours impuissant* contre le Bien : c'est une loi que les initiés connaissent parfaitement. Si, dans notre milieu, dans la période que nous traversons, cette assertion peut paraître hasardée, c'est que le Bien n'est pas encore suffisamment *compris* et encore moins *voulu*. Sachons attendre.

Trois forces sont donc à l'état *potentiel* ou *latent* dans l'homme : l'instinct, le désir, l'aspiration. La volonté a pour devoir de les contenir, de les diriger et de les maintenir dans la voie droite, suivant la norme révélée par la connaissance.

Les hallucinations collectives du sommeil naturel sont difficiles à observer. Elles se compliquent de télépathie, de subjectivité et d'objectivité. Tous les éléments s'y rencontrent soit partiellement, soit confusément.

Il résulte cependant d'enquêtes, enquêtes que nous avons pu faire très-superficiellement, que les trois genres d'hallucinations se produisent. Au reste en admettant qu'il n'y ait là qu'une hypothèse, par ce que nous avons constaté dans l'état de veille et ce qu'on a pu remarquer dans le sommeil provoqué, on est en droit de conclure qu'il en doit être de même dans le sommeil naturel qui ne diffère de la veille que par un mode nouveau d'existence et du sommeil provoqué que par un mode nouveau de *changement* d'existence.

Ici la subjectivité et la télépathie vont se confondre très facilement. Deux ou plusieurs dormeurs ont la même pensée, la même vision, la même émotion qu'ils se communiquent : y a-t-il *dédoublement* ? Les corps astraux se réunissent-ils ? Ou la pensée, la vision, l'émotion se communiquent-elles simplement ? La question est extrêmement délicate. Cependant, au réveil, si le souvenir est conservé, on peut se rendre compte de ce qui s'est passé. Les dormeurs se sont-ils *vus*, ont-ils *vu* leurs corps astraux ; se sont-ils mis en contact, ont-ils voyagé ensemble, ou n'ont-ils gardé qu'une *impression* ? Dans ce dernier cas, il n'y aurait eu qu'hallucination subjective ou télépathique collective.

Pour l'objectivité, la difficulté est moins grande. La netteté du souvenir, la précision des faits, le sentiment intime que les êtres vus se sont révélés par des actes auxquels on n'a pu prendre part ou qu'on a pu différencier nettement des siens propres, toutes ces conditions réunies sont un indice presque certain d'objectivité. L'entité qui se manifeste ainsi à plusieurs à la fois, qui produit des impressions diverses sur chacun des dormeurs, qui laisse dans le mental comme une trace d'origine étrangère est bien et réellement objective. Quelle est la valeur de l'entité? A quel ordre d'êtres appartient-elle? c'est ce qu'on peut apprécier par les manifestations qu'elle produit.

Sans doute, le plan astral est un monde où tout est mélangé, quoique sérié, tout comme sur notre plan physique. Tout comme sur ce dernier, mais avec bien plus de netteté pour l'âme échappée, les pensées, les formes, les impressions, les êtres se heurtent, s'entrechoquent, se confondent. Les êtres de l'astral, comme nous-mêmes, émettent des radiations, des idées; ces radiations et ces idées viennent nous assaillir; nous les subissons ou nous les évitons suivant notre pouvoir et notre savoir.

Distinguer chaque chose, chaque être, en déterminer l'origine, la valeur, la portée est le propre d'une volonté libre et éclairée. Le sommeil libère la plupart d'entre nous; mais il ne nous donne pas la connaissance pleine et entière de ce monde invisible que nous ne connaîtrons pas beaucoup mieux après la mort, ou que nous ne connaîtrons mieux qu'au point de vue phénoménique.

Nous savons qu'on ne passe de l'état de veille au sommeil profond et extatique qu'en suivant toutes les phases, l'une après l'autre ; on ne passe jamais d'emblée de la veille au sommeil profond. Ce qui pourrait parfois nous induire en erreur et nous faire croire le contraire, c'est après une longue fatigue ou une veille prolongée : il semble que nous tombions immédiatement en léthargie et que le sommeil parvienne à sa plus grande profondeur. Dans ce cas, les étapes sont franchies avec tant de rapidité qu'elles semblent ne pas exister : c'est simplement sous l'impulsion du *besoin* violent et impérieux, pressé de se satisfaire, que la marche est aussi rapide. L'organisme a besoin et un besoin pressant de prendre des *forces* : aussi se hâte-t-il.

On ne revient à la veille qu'en passant successicement, mais inversement, par les mêmes phases. Du sommeil extatique au sommeil profond, de ce dernier un sommeil léger et de ce sommeil léger à l'assoupissement. Ici encore les étapes sont franchies avec plus ou moins de rapidité ; mais cependant il faut un agent extérieur pour précipiter le dénouement. Un bruit, une odeur, une lumière vive, une secousse, etc., provoquent un réveil presqu'immédiat. Nous disons *presque*, parce que les étapes ont été *brûlées*, mais non évitées.

Au reste, cela se comprend parfaitement. Dans le sommeil profond, le corps astral est souvent à une grande distance du corps physique ; pour revenir, il sera forcément obligé de parcourir le même espace qu'au départ ; le temps qu'il mettra variera voilà tout.

Dans le passage du sommeil plus ou moins pro-

fond à la veille, le dormeur aura des hallucinations
adéquates aux divers états qu'il retrouvera. D'objectives, elles redeviendront subjectives, d'extra-
corporelles, elles redeviendront organiques.

Tel l'aéronaute qui, partant d'un point, revient à
ce même point, mais sans passer toujours par le
même chemin : le paysage peut varier, mais les lois
de la descente, comme celles de l'ascension, sont
immuables.

2°

Anormales et morbides

La nature des hallucinations dépend de l'état physiologique, de l'état moral et de l'état intellectuel.
Suivant qu'on est porté, par son idiosyncrasie ou ses
habitudes, soit vers l'un ou vers l'autre de ces états,
le rêve affecte soit les sens en général, soit l'âme
passionnelle, soit l'intelligence.

Le sommeil peut n'être pas amené par le besoin
physiologique ; il peut être provoqué par le désir ou
l'aspiration. L'âme, suivant son impulsion, peut
vouloir s'affranchir du corps et par suite peut forcer
le sub-conscient à sortir.

La volonté entraînera l'être vers la perception
interne soit sensorielle, soit psycho-sensorielle, soit
psychique. Le sens génésique joue un rôle très-
important ; ses besoins sont violents et il peut, si la
volonté est faible, dominer les autres sens et les
facultés, au point que les rêves seront purement
érotiques. Ce sens se sublime dans l'âme passion-

nelle et il devient alors moins brutel. Dans l'âme intellective, il devient la passion de l'étude et il joue un rôle analogue dans les trois états. On se sert du mal *amour* pour désigner la passion sexuelle, alors qu'il est dans tout et partout. Car comment entreprendre utilement une étude, quelle qu'elle soit, comment se livrer à un travail, à une œuvre quelconque, à moins d'être un automate ou *un homme de métier*, ou si l'on *n'aime* ce travail, cette œuvre, cette étude ?

Le sommeil naturel ne vient pas toujours à la suite du besoin purement physiologique. Il est quelquefois factice ; il est d'autres fois voulu ou provoqué par la volonté assentant à un désir, à une aspiration. Il n'est pas ici, bien entendu, question d'agents extérieurs ni de moyens artificiels, tels que l'auto-hypnotisation.

Pour atteindre ce résultat, il faut certaines conditions de régime et surtout d'entraînement. Nous n'insisterons pas sur ce sujet qui relève de la Magie.

Le sommeil que l'on se procure, en dehors du besoin naturel, *pendant le jour*, sous l'action solaire, favorise l'extériorisation semi-consciente.

Le régime alimentaire ou l'absorption de certaines substances n'a rien à voir ici. Nous en parlerons plus loin. Le tempérament et l'entraînement seuls peuvent favoriser l'extériorisation.

Généralement pendant le jour, l'assoupissement est à peu de chose près le même caractère que celui de la nuit. Mais l'état de rêverie persiste assez longtemps et il peut même être interrompu à volonté.

Pour que l'extériorisation se produise, il faut, après une interruption, provoquer de nouveau l'assoupissement. A ce moment, on sent la *double* se dégager peu à peu, soit partiellement soit totalement, mais le plus souvent partiellement; on extériorise soit les membres, soit le haut, soit le bas du corps fluidique. On remarquera que c'est la *motricité* qui est extériorisée, ou du moins on n'aura *conscience* que de la motricité. Les images, les sons, etc. ne sont pas perçus dans les organes, mais hors des organes on sera maître des mouvements fluidiques; mais non de la sensibilité. C'est l'état qu'on nomme *cauchemar*, mot impropre, ou rêve hypnagogique.

Dans cet état superficiel, on jouit de la plénitude de sa conscience, si on a su s'entraîner. A tout instant, la volonté peut faire cesser ce sommeil et remettre tout en état. Le corps doit évidemment être en catalepsie ; mais il est bien, certainement, privé de sa faculté motrice.

Cet état est analogue au sommeil superficiel. Poussé plus loin, il deviendra somnambulique, et alors il a les caractères analogues à ceux du sommeil profond.

Dans l'état hypnagogique, on éprouve toutes les hallucinations, sauf peut-être celles psychiques pures. Qu'il y ait objectivité, c'est possible, et nous avons des raisons de croire qu'il en est ainsi quelquefois.

On peut voir des figures, des formes, lire même comme dans un livre; l'écriture, les dessins passent sous les yeux et on parvient quelquefois à saisir le sens. C'est le monde astral, c'est le courant de lumière astrale qui charrie toutes ces formes.

On connaît les phénomènes du somnambulisme naturel. Le double extériorisé guide le corps ou organisme qui agit automatiquement sous l'action de la volonté. Mais c'est là un premier état ; car nous savons que le somnambulisme en comporte au moins deux. Dans le deuxième état, la volonté n'agit plus sur les organes corporels qu'elle a abandonnés ; l'âme tout entière s'est échappée et est partie dans les régions plus ou moins lointaines.

Dans ces cas anormaux, comme dans les cas normaux, on ne passe pas d'un état à un autre sans perdre la notion du *moi*. Ces états transitoires, qui, dans le sommeil provoqué artificiellement, *sont nommés léthargie* ne sont pas ici des états léthargiques propres, mais plutôt léthiformes. C'est dirions-nous, une léthargie superficielle.

Il y a des substances qui agissent dans l'appareil physiologique, soit sur la sensibilité, soit sur le mouvement ; de même il y en a qui agissent sur le système nerveux soit du grand sympathique, soit cérébro-spinal. Les narcotiques, certains toxiques sagement dosés, provoquent des rêves de natures diverses, soit intellectuels, soit affectifs, soit sensoriels ou psycho-sensoriels.

Il y a là une corrélation entre la substance ingérée et l'appareil psycho-physiologique qu'on constate sans l'expliquer. Dans tous les règnes de la nature, l'homme se retrouve ou retrouve ce qui lui fait défaut et ce qu'il a en trop. Dieu a mis à sa portée le remède à côté du mal ; à nous d'étudier ce qui est bon et ce qui est nuisible.

Il est bien certain que ce n'est pas la substance elle-même qui contient potentiellement les effets que nous constatons dans le sommeil : au point de vue physiologique, elles calment, exitent, procurent du plaisir ou de la douleur. Elles agissent directement sur la cellule : suivant l'affinité de la substance avec telle ou telle cellule de tel ou tel organe, c'est telle ou telle cellule qui est hyperexcitée ou hyperesthésiée, quand les autres sont indifférentes ; c'est telle ou telle cellule qui est anesthésie ou analgésiée quand les autres sont dans un état contraire. Au point de vue curatif, c'est l'équilibre qu'on recherche. Au point de vue expérimental simplement, les recherches sont dangereuses ; il faut être très-circonspect, car il faut songer qu'on dérange l'appareil organique, qu'on le fausse, soit en donnant une trop grande activité à tel ou tel organe, soit en affaiblissant l'un ou l'autre.

Toutes nos passions bonnes ou mauvaises, tous nos actes, toutes nos pensées n'étant pas bornées à la périphérie du corps ou de l'âme, viennent s'imprimer dans le plan astral : nous créons autour de nous, hors de nous, comme en nous-mêmes, un milieu qui nous attire et où nous allons de préférence. Le désir crée l'objet, la passion crée les scènes fantaisistes, l'intelligence active crée des théories : le mot *créer* est employé dans le sens qu'on doit toujours lui attribuer, c'est-à-dire construire

avec une substance, la substance astrale ou psychique (dont les qualités varient.)

Ces milieux, nous les retrouvons toutes les fois
que nous nous absorbons soit dans la veille, soit
dans le sommeil. C'est la mémoire aidée de l'imagination sollicitées toutes deux par la volonté. Si nous
possédions une conscience plus évoluée, nous saurions
distinguer le *moi* du *non-moi* ; l'état subjectif de
l'état objectif. Pour quelques-uns, tout est subjectif, pour d'autres tout n'est pas subjectif. Les premiers sont exclusifs et l'expérience leur donne tort.
Nous avons, à certains moments, nettement conscience de notre état : une pensée étrangère à notre
mental nous est suggérée inopinément. Elle ne
vient pas de nous, ni de notre milieu subjectif.
D'où vient-elle ?

Les rêves, comme la plupart des hallucinations
de la veille, ne sont pas les mêmes chez les individus. Les hallucinations collectives du sommeil,
analogues aux autres, sont adéquates aux tempéraments et aux races. Un narcotique, comme le has-
chich, absorbé par plusieurs individus réunis, de
races et de climats différents, procurera sans doute
les mêmes sensations ou affections ; mais les scènes
ne seront pas les mêmes. Un adepte de Mahomet
verra des houris, un chrétien des saintes ou des
hétaïres : ce sont donc bien les milieux subjectifs
qui varient.

Toutes les hallucinations du sommeil peuvent
être compliquées d'hallucinations anormales et
morbides ou être simplement morbides.

Les différentes maladies soit de l'organisme, soit du système nerveux, donnent lieu aux mêmes hallucinations qu'on remarque à l'état de veille morbide. Dans les maladies organiques, ces hallucinations seront presque toujours organo-internes et subjectives. C'est que l'organe souffrant retient toutes les puissances de l'âme qui ne peut se dégager. L'abattement indique un état léthargique de l'intelligence ; le *coma* qui est l'abattement extrême n'est qu'une léthargie affectivo-intellectuelle, avec insensibilité et paralysie. L'âme est dans un couloir sombre dont elle ne peut sortir.

Dans la folie, dont l'origine ne se trouve pas dans une lésion du cerveau ou dans un état pathologique général ou particulier, il est à présumer que l'âme du dormeur s'échappe du corps, mais qu'elle continue à être hantée par l'idée ou l'être qui a déterminé la folie, à moins que, dans le sommeil, elle ne parvienne plus facilement à chasser cet être ou cette idée.

Le remords qui est l'idée fixe d'un crime ou d'une mauvaise action peut servir d'exemple. Examinons le sommeil de l'homme atteint de remords ; examinons son réveil. Qu'il nous raconte ses rêves : nous serons édifiés.

Une idée en attire une autre ; un être en appelle un autre de même nature. D'où ces visions de figures, de scènes étranges, troublantes, accablantes. L'âme souffre et sa souffrance se répercutera sur l'organisme : le dormeur est agité, secoué ; il se lève debout sur son lit, les yeux agrandis par l'épouvante ; la sueur inonde son visage, ses larmes coulent, la fièvre le saisit.

Si tel est le châtiment de l'homme, après sa mort, il est terrible !

CHAPITRE V

L'HOMME ENDORMI ARTIFICIELLEMENT

Hallucinations de toute nature

1° *Normales*

Nous touchons à la partie expérimentale. Examinons les états du sommeil provoqué et ses effets.

Les causes d'abord.

On connaît les expériences de la Salpétrière, de Braid et celles de l'école de Nancy. Charcot et le Dr Liébeault se sont surtout occupés de l'hypnose au point de vue pathologique. — Le Docteur Luys qui a fait faire un grand pas à l'hypnologie, a développé les théories des deux écoles et a tenté d'en faire la synthèse.

Le sommeil est obtenu de diverses manières, suivant les sujets : par la fixation du regard du sujet sur un objet brillant, par la pression du globe de l'œil, par le son rythmique, par un bruit quelconque.

On a donc pénétré dans l'appareil physiologique du sujet en passant par l'un ou l'autre des deux sens : la vue et l'ouïe. On a remarqué que certains sujets pouvaient être également mis à l'état d'hypnose en pressant certains points ou certaines régions du corps : points ou régions *hystériques*.

Le sens du toucher peut donc amener l'hypnose.

On semble pénétrer ainsi d'emblée dans l'appareil physiologique et nerveux par ces trois sens.

Les sens de l'odorat et du goût n'ont amené aucun résultat *direct*. Seulement par la *suggestion*, mode consécutif, suggestion exercée dans l'état hypnotique, on peut provoquer, dans la suite, l'hypnose par l'odorat et le goût.

L'hypnotiseur n'agit donc que par les sens ou sur les organes des sens au premier abord. Il est vrai que, tout en frappant les sens, il lui arrive parfois d'essayer l'action du verbe. Ainsi on commandera au sujet : dormez ! La parole vient donc en aide à l'expérimentateur.

Cet hypnotisme que nous appellerons *sensoriel,* lorsqu'il se borne à agir sur les sens exclusivement, devient peu à peu *psycho-sensoriel,* mais bien faiblement, lorsqu'il provoque les émotions, par l'imitation, la suggestion, le verbe, le geste, etc. Il devient *psychique,* mais consécutivement, quand il provoque des idées chez le sujet. En tout cas, il suit toujours l'ordre et il commence toujours par les sens.

Le premier état obtenu par ce moyen est la léthargie où l'on constate différents effets physiologiques ; le deuxième est la catalepsie ; le troisième le somnambulisme superficiel. L'extase est absolument confondu avec le somnambulisme : elle n'en serait qu'une variété, qu'un aspect nouveau.

En général, par le procédé purement hypnotique, on n'obtient que les états superficiels ; on y remarque surtout, et c'est ce qu'ont recherché les hypnotiseurs, les effets physiologiques.

Nous ne croyons pas devoir insister et nous aimons mieux étudier l'action magnétique qui nous révèlera tout ce qu'a déjà révélé l'hypnotisme, mais qui, en plus, nous permettra de mieux comprendre le mécanisme du sommeil, tant au point de vue physiologique qu'au point de vue animique et psychique (1).

Le magnétisme en effet agit progressivement, avec méthode ; avec lui on suit toutes les phases du sommeil et on les étudie minutieusement, graduellement.

C'est que le magnétiseur peut *doser*, pour ainsi dire, le *fluide* qu'il envoie au sujet ; il peut l'augmenter, le diminuer, accélérer ou ralentir son action. Ce fluide qu'on a nié est aujourd'hui démontré : qu'on l'appelle effluve ou od, peu importe. Il y a *quelque chose* qui sort de nous et qui va frapper une personne ou un objet.

Le magnétiseur endort ou peut endormir sans toucher le sujet. Il n'a qu'à présenter la main droite à une certaine distance du point du sujet : au bout

(1) Les expériences des anciens magnétiseurs, celles notamment du professeur H. Durville sont concluantes à cet égard.

d'un certain temps, le sommeil arrive. Il observe les lois de la polarité, et il sait qu'en position *isonome*, il obtient le sommeil ; il sait que, pour provoquer le réveil, il n'a qu'à présenter la main gauche, en position *hétéronome*.

Il peut user alternativement ou successivement des procédés hypnotiques, soit en posant le doigt sur une des parties de la tête. Mais l'action magnétique seule, sans contact ou avec contact, peut amener tous les états de l'hypnose, au point de vue psychique.

Si par les procédés purement hypnotiques on ne remarque pas certains états particuliers, tel que la suggestibilité simple ou état de crédulité, c'est que ces états sont franchis avec une rapidité telle qu'ils passent inaperçus ; mais ils existent si bien que le magnétisme pur les met en relief.

C'est ainsi qu'on trouve dans l'ordre suivant : 1º crédulité ou suggestibilité simple ; 2º état cataleptique ; 3º état somnambulique ; 4º extase.

Le passage d'un état à un autre est caractérisé par la léthargie ou état léthargoïde, plus ou moins profond. Nous ne dirons rien de la léthargie ; on constate simplement l'insensibilité et l'immobilité complète. Cet état est bien dénommé léthargie (mort apparente).

Au point de vue physiologique, on remarque l'anesthésie, l'hyperesthésie, l'asthénie, l'hyperesthénie, l'hyperexcitabilité neuro-musculaire, l'obnubilation psychique, l'hémi-léthargie, l'hémi-catalepsie. Un côté, soit de la face, soit du reste du corps, peut être affecté sans que l'autre le soit ; on obtient le transfert d'une affection d'un point opposé à un autre, soit au moyen de l'aimant, soit par l'attouchement. Aimant, métaux, attouchement, etc., ne doivent leur action qu'à l'effluve qui se dégage de l'aimant ou du magnétisme humain, et cette action est en raison directe ou inverse de la polarité.

Crédulité

L'état de crédulité que nous avons décrit au début de cette étude présente un caractère unique : le sujet n'éprouve rien, n'a aucune velléité, aucune tendance. Il se borne à répéter ce qu'on lui dit, ou ce qu'on lui suggère. Il ne voit rien, ne sent rien ou ne fait qu'adopter tout ce qu'on veut. L'hallucination n'existe pas ; il n'y a pas perception interne. C'est l'automatisme pur et simple. Le sujet est une machine.

Le corps astral, en totalité ou en partie, est encore adhérent au corps physique, mais il tend à se dégager. Il n'y a qu'un simple ébranlement. L'âme et ses facultés sont obnubilées, assez peu toutefois pour que la volonté ne puisse secouer la torpeur.

La suggestibilité ne consiste qu'à faire répéter au sujet les choses les plus invraisemblables, sans que, pour cela, on puisse inférer qu'il y a réellement *suggestion*, c'est-à-dire *incorporation* de la suggestion.

Catalepsie

Dans la catalepsie, nous allons assister aux plus curieuses expériences.

L'hallucination consiste, dans un état, à réaliser physiquement ou si l'on veut, à constater les sensations, les sentiments, les attitudes, les pensées suggérées. La suggestion s'exercera de diverses manières soit sur une, soit sur plusieurs sens, soit sur une ou sur plusieurs facultés.

Au point de vue somatique, ou fait prendre au sujet toutes les attitudes, sans l'emploi du verbe. Si on lui donne l'attitude d'un homme en colère, on remarque sur les traits du visage tous les signes de la colère, etc.

Au point de vue dynamique, on lui présente un objet, il se servira de cet objet suivant les usages auxquels il est destiné; qu'on lui mette entre les mains une paire de lunettes, il l'examine, puis les ajuste sur son nez.

Agissons sur la vue : les couleurs déterminent la tristesse ou la gaîté. Sur l'ouïe : un air triste ou un air gai l'affectera de diverses façons. Il sera gai, si l'air est gai, triste, si l'air est triste ; ces émotions se traduisent non seulement sur la physionomie, mais encore sur l attitude, la démarche. On dédoublera les émotions. Un côté de la face reflètera la joie, alors que le côté opposé reflètera la douleur, rire à gauche, pleurs à droite.

Par la *prise du regard* on attire le regard du sujet sur un point quelconque du corps de l'opérateur. Si les yeux se fixent sur ceux de l'opérateur, le sujet ne peut les quitter ; il suit son guide, les yeux dans les yeux, partout. Si le regard se porte sur les lèvres de l'opérateur, toutes les paroles de ce dernier sont fidèlement répétées, quelle que soit la langue qu'il parle.

Comme nous l'avons dit, par l'approche des métaux, de l'aimant, par l'attouchement, on détermine soit la contracture, soit l'attraction, soit la répulsion ; on obtient le transfert de l'état nerveux d'un point sur un autre.

Le sujet est insensible, on peut le piquer, le brûler, sans qu'il éprouve ou témoigne la moindre douleur. On peut lui faire prendre toutes les attitudes, même les plus pénibles, les plus invraisemblables ; il les conserve sans manifester la moindre fatigue.

Première phase de somnambulisme

Ici la suggestion s'exercera principalement sur les facultés psychiques. On ne remarquera plus les mêmes caractères physiologiques, tels que contracture, attraction, répulsion, etc.

Nous sommes à la première phase du somnambulisme où le sujet est à la merci de l'opérateur, au point de vue psychique.

On lui suggère ainsi qu'il a changé de personnalité ; et il joue le rôle du personnage qu'on lui suggère. Il imitera l'écriture, le style d'une personne et il croira être cette personne. La suggestion s'exerce à échéance et s'exécute au réveil. Au réveil, il conservera cette suggestion ; il se croira un personnage nouveau, il verra un objet sous une forme qu'il n'a pas, il entendra un bruit ou un son, alors qu'il n'y

8.

aura ni bruit, ni son, il odorera un parfum, il assistera à des scènes imaginaires, etc.

On constate l'auto-suggestion. Le sujet à l'état normal rêve qu'on fait sur lui des expériences. A son réveil, il a un membre contracturé.

A l'état hypnotique, on présente un livre ouvert devant ses yeux ; il ne peut lire. Par contre, il peut lire à travers un objet opaque. La mémoire, comme la vue, peut être hyperesthésiée. C'est ainsi que le sujet rappellera des faits de son enfance, faits qu'il est incapable de se remémorer à l'état de veille.

On peut extérioriser la sensibilité du sujet, sa motricité ; le corps est insensible ; par contre, à une distance quelconque, si on pique dans une certaine zone, le sujet perçoit une sensation. On peut *accumuler* la sensibilité dans une substance, telle que l'eau, la cire, etc.

Le corps est inerte ; il ne bouge pas. Par contre, certains objets, placés à une certaine distance, peuvent être soulevés, rapprochés ou éloignés. La force motrice est donc bien extériorisée.

Deuxième phase du somnambulisme

Nous touchons ici à ce qu'on nomme la lucidité. La lucidité *vraie* consiste dans la vision exacte des faits et des évènements passés, présents ou futurs. Elle peut varier et se spécifier, suivant les individus.

Cette lucidité n'est jamais obtenue par le procédé hypnotique. C'est que l'hypnotisme n'agit que sur

les sens externes d'abord, puis sur l'appareil physiologique interne ; par les moyens qu'il emploie,
le domaine psychique proprement dit lui est
interdit.

Le somnambule lucide voit dans le corps humain,
indique le siège d'une maladie, les remèdes utiles,
il visite les lieux les plus éloignés, les décrit, se
met en rapport avec les entités de l'espace dont il
subit parfois l'influence. Il lit dans la pensée de
l'opérateur, de toute personne mise en rapport avec
lui, éprouve les émotions, le plaisir ou la douleur
de cette personne.

Mais tous les sujets ne possèdent pas les mêmes
aptitudes et par suite ne produisent pas les mêmes
résultats.

Dans cette phase du somnambulisme, le sujet,
tout en étant sous la dépendance du magnétiseur
qui peut le ramener aux états inférieurs, jouit de la
plénitude de ses facultés.

Le somnambulisme peut être provoqué par le
sujet lui-même, sans le concours d'un magnétiseur,
par des procédés divers.

Il y a d'abord les procédés mécaniques et physiologiques : la fixation du regard sur un objet brillant,
la pression d'un point quelconque du corps. Il y a
aussi les procédés psychiques : la prière, ou l'aspiration par l'invocation de puissances supérieures.
Ce moyen est surtout en usage chez les religieux.
Il faut ajouter que l'invocation des puissances inférieures, avec lesquelles on a fait un pacte, consciemment ou inconsciemment, peut produire le

somnambulisme. Mais les effets obtenus décèlent l'origine de cet auto-somnambulisme.

Extase

Ce dernier état connu ne peut être soumis à l'expérimentation. On ne le constate que par l'attitude du sujet, par l'incapacité où se trouve l'opérateur de maintenir des relations avec lui et les relations de ce dernier avec le monde objectif.

On peut cependant, à l'état somnambulique, suggérer ou demander au sujet de *retenir* ce qu'il verra dans l'extase, et quand de ce dernier état, on le fait revenir au précédent, on l'interroge; les réponses sont parfois suffisamment claires pour pouvoir affirmer qu'il y a la vision de *faits* astraux ou physiques éloignés.

On connaît l'extase religieuse. *L'auto-extatique* parvient à cet état par son genre de vie, par la prière, par la pureté, par l'ascétisme. Il diffère de l'auto-somnambulisme en ce que ce dernier état se rapporte aux choses terrestres. L'extatique religieux n'est plus sur la terre.

La vie des saints, très instructive, nous édifie à cet égard.

On ramène le sujet à l'état de veille, en le faisant passer par tous les états de l'hypnose, mais en sens inverse, et ces étapes doivent être parcourues, sans qu'on puisse en éviter une seule.

Ce retour s'effectue plus ou moins rapidement, suivant les procédés, mais il est constant.

Nous savons ce qui amène le sommeil naturel. Les centres nerveux ont besoin de se charger de fluides : tels des accumulateurs électriques.

Le mécanisme du sommeil artificiel est le même. Il y a un changement d'aiguillage. Seulement ce n'est plus le *besoin* qui contraint l'appareil nerveux à prendre de nouvelles forces. C'est le désir ou la volonté soit du sujet, soit de l'opérateur qui contraint l'appareil nerveux interne, éthérisé, le corps astral à sortir du corps physique ou qui rompt les relations entre le *moi* et le corps astral. Le cerveau n'est plus en communication directe avec le grand sympathique. Les cellules psychiques sont refoulées ; seules les cellules sensorielles et psycho-sensorielles sont à la merci de l'opérateur. L'opérateur s'empare de ces dernières et il joue vis-à-vis d'elles le rôle du cerveau. Le sub-conscient du sujet est livré au magnétiseur. Les cellules obéissent à une volonté étrangère et elles accomplissent fidèlement les ordres qu'elles reçoivent. Ici on aperçoit l'action du verbe, de la volonté ou même de l'intention chez l'opérateur. Cette action, voulue ou simplement intentionnelle, s'exerce non seulement sur le *moral*, mais encore sur le physique du sujet.

« Tu ne souffriras plus, commande le magnétiseur » — Et le sujet ne souffre plus.

On applique une rondelle de carton sur un membre et on dit au sujet : « c'est un vésicatoire.» Au réveil, on constate l'action vésicante.

Pourquoi le sujet, au réveil, obéit-il aux injonctions qu'il a reçues dans le sommeil ? Son moi conscient est cependant redevenu le maitre. Ici se pose la question redoutable du libre arbitre.

Oh ! cette liberté est bien bornée, il faut le reconnaître. Quand on songe que plus de 70 pour 100 des créatures humaines peuvent être ainsi soumises à la suggestion, sans qu'elles puissent, le plus souvent, s'en affranchir, on a le droit de se demander si la Justice humaine qui sévit dans des cas où l'hypnotisme a joué un rôle insoupçonné, n'est pas une monstruosité.

Il n'est pas besoin, chacun le sait, d'amener un homme, une femme, un enfant dans un laboratoire, de lui faire subir une préparation en vue de suggestions hypnotiques. Souvent, l'homme malfaisant, mais doué d'un regard fascinateur, peut, dans la rue, dans un champ, partout, exercer sa funeste puissance. Que de crimes sont perpétrés ainsi, sans qu'on s'en doute !

Toutefois, disons-le, le remède est à côté du mal.

Le praticien, versé dans la science hypnologique, pourra découvrir le coupable, en mettant le patient en état somnambulique. Il faut reconnaître que ce n'est pas toujours facile, car le fascinateur prend soin de *défendre* à sa victime de se laisser endormir ; cette inhibition, comme toutes les suggestions, est difficile à vaincre. Néanmoins, l'opérateur bienfaisant, intelligent et sagace, aidé par l'invisible, doit remporter la victoire. Le bien est plus fort que le mal et l'emporte tôt ou tard.

Si le sommeil provoqué n'est pas réparateur, la cause est facile à démêler. On oblige les cellules à un travail nouveau pour elles ; dans le sommeil naturel, elles ont leur libre essor, elles sont *entre elles*, elles prennent leurs ébats. Il faut, bien entendu, que le sommeil ne soit pas morbide, sans quoi, tout comme dans le sommeil provoqué, elles ont à lutter contre des éléments étrangers. Dans le sommeil artificiel, elles sont tenues en haleine par un élément étranger ; elles ont affaire à plus fort qu'elles, à une *volonté* et elles *doivent* obéir, c'est leur rôle. On comprend donc que la fatigue survienne après des séances un peu longues.

Il faut maintenant fixer son attention sur ce fait capital : une sécrétion apparaît sur la peau d'un sujet à la suite d'une suggestion. Rappelons-nous qu'à l'état de veille nous pouvons, par auto-suggestion, exercer une pareille action sur nous-mêmes.

Le souvenir d'une liqueur, d'un mets provoque la sécrétion des glandes salivaires ; celui d'une musique, d'un air, d'une scène provoque les larmes. Que se passe-t-il dans l'organisme ? Les cellules sensorielles et psycho-sensorielles subissent l'action d'une idée-sensation, d'une idée-image cérébralisée. Le *moi* peut cependant réagir et *rester le maître*. Il peut empêcher ces manifestations par la *volonté*. A l'état de sommeil provoqué, le *moi* est refoulé, un autre *moi* a pris sa place. Et cet autre *moi* n'agit pas toujours *impérativement* et spontanément ; mais il fait intervenir les autres puissances de l'être lesquelles obéissent à leur tour ou suivent une impulsion donnée.

Dans les premiers états, catalepsie, somnambulisme superficiel, le *moi* assiste aux scènes du sub-conscient, absolument comme dans le sommeil natu-rel. Il n'intervient pas, parce que sa volonté est dominée par une autre plus forte. On objectera que la force ou énergie vitale et nerveuse qu'on a arrêtée et qui ne peut aller jusqu'au cerveau n'est plus à la disposition du *moi* et que la volonté, quel que soit son désir, est absolument paralysée. Nous préten-dons que la volonté, *la vraie*, doit toujours tant que l'organisme est sain, pouvoir s'emparer de cette force ; si elle la laisse capter par une autre, c'est qu'elle est faible, et l'habitude aidant, elle finit par se soumettre. L'éducation consiste à former des vo-lontés et des caractères, à les diriger constamment vers le bien ; la volonté qui s'appuie sur le bien est inaliénable.

La proportion des hypnotisables qui est de près des sept dixièmes démontre simplement que nous sommes peu évolués. Le progrès vrai consiste à avoir des hommes sains physiologiquement et mora-lement, et c'est en fortifiant le physique et le moral, l'organisme et l'âme, en donnant à la volonté le seul point d'appui qui est bien, le Soi, Dieu, qu'on arri-vera à diminuer cette proportion de suggestibles et d'hypnotisables.

Nous ne nous arrêterons pas longtemps sur l'état physiologique des sujets mis en sommeil ; car notre but n'est pas de professer un cours de physiologie magnétique. Cependant il est bon de retenir les faits suivants :

1º *Sensibilité*. — Elle décroît au fur et à mesure

que l'hypnose s'approfondit, au point de disparaître entièrement;

2° *Mouvement*. — Il est paralysé ou excité ; il est conscient ou inconscient, volontaire ou involontaire.

Les cellules sensorielles et motrices se dédoublent en totalité ou en partie. Il arrive que les premières se dédoublent seules alors que les autres restent unies et réciproquement ;

3° Dans les premiers états (crédulité, catalepsie et quelquefois première phase somnambulique) les cellules sensorielles et motrices ne se dédoublent pas ; les cellules cérébrales seules se dédoublent, ou encore le fil conducteur qui les rattachent aux premières (*sensorium commune*) a été rompu, en sorte que le *moi* n'a plus d'emprise sur le sub-conscient;

4° Dans les états profonds (deuxième phase du somnambulisme, extase), le dédoublement est tantôt limité aux cellules sensorielles et psychiques, les mouvements volontaires subsistant.

Dans les trois premiers cas, le sub-conscient est à la merci de l'opérateur; les cellules lui obéissent comme elles auraient obéi au *moi* du sujet. Mais que fait ce *moi*, où est-il? A-t-il entièrement disparu, est-il anéanti? Non, puisqu'il apparaît au réveil. Il assiste aux scènes qui se passent dans son corps et autour de lui ; il est semblable à un prisonnier qu'on a ligoté et bâillonné.

Si la suggestion a tant d'empire sur le sub-conscient, si elle produit des effets curatifs ou autres, c'est qu'il est livré tout entier au magnétiseur;

9

c'est qu'il ne subit plus les désirs, les passions, les préoccupations diverses et quelquefois contradictoires du *moi* auquel il est soustrait.

Les cellules du sub-conscient sont attentives et promptes à l'obéissance.

Le *Moi propre* pourrait obtenir les mêmes résultats que le *moi* étranger, s'il *savait* se faire obéir. C'est là une science connue de bien peu d'initiés.

Les formes visuelles, auditives, etc., suggérées, existent à l'état d'images astrales et le conscient les perçoit. Il assiste, comme dans le sommeil naturel, aux scènes du rêve provoqué, dont le sub-conscient, sous la direction d'un moi étranger, est le théâtre.

Qu'on se représente un miroir devant lequel on exécute divers gestes ou pantomimes, ce miroir reflète le tout exactement. De même le sub-conscient qui n'est que le miroir de l'opérateur.

Dans le quatrième cas, le conscient du sujet est redevenu le maître. Le magnétiseur n'a plus d'action. Les cellules cérébralisées ont renoué avec les cellules inférieures ; le conscient s'est réuni au sub-conscient. Ici, plus de suggestion possible.

L'extériorisation de la sensibilité, est complète ; le passif est soumis à l'actif ; c'est-à-dire le double humain est reconstitué dans un autre plan. L'extériorisation de la motricité n'est remarquée que dans certains états extatiques ; mais comme la volonté se manifeste surtout dans le mouvement, le moi peut commander aux cellules motrices qui, elles, restent reliées à l'organisme. Le double psychique, psycho-sensoriel est sorti du corps dont on ne constate que la vie végétative, en l'absence du mouvement. Mais c'est seulement dans l'exercice de la motricité que les puissances de l'être décèlent leur existence : c'est dans l'attitude, le geste, l'expression, la parole que se reflètent les sensations ou les sentiments suggérés ou de provenance extra-physique.

Dans les trois premiers cas, quelle que soit la forme de la suggestion, somatique, dynamique, verbale, etc., la forme générée dans le mental de l'opérateur est projetée dans l'organisme ou les cellules nerveuses du sujet : c'est l'incorporation, l'incarnation d'une forme dans une cellule.

La suggestion d'une idée abstraite, d'une pensée pure non susceptible d'être traduite par une mimique ne peut s'exercer que sur les cellules psychiques. La volonté du sujet est encore obnubilée ; la mémoire et l'imagination subsistent seules. Quand aux autres facultés, comme les précédentes, le raisonnement, le jugement, etc., elles ne s'exercent que d'une façon automatique : c'est l'association des idées, c'est l'appel des cellules pensantes à d'autres cellules pensantes.

Dans le somnambulisme (deuxième phase ou lucidité) le moi reprend possession de ses facultés ; la volonté intervient. Dès lors, la suggestion n'est plus possible, ou du moins, si elle s'exerce, elle agit sur l'être extériorisé et redevenu libre de la même manière qu'elle s'exercerait sur l'homme éveillé, c'est dire que le sujet peut accepter ou rejeter la suggestion.

L'hypnotiseur ou le magnétiseur qui constate

dans les expériences une désagrégation mentale serait mal avisé de croire que le moi subit cette désagrégation. Le moi reste intact ; seules les *consciences cellulaires*, ce qu'on nomme la conscience subliminale, sont mises en jeu : le *moi* est un étranger.

On en a un exemple dans les cas de léthargie naturelle. On sait que certains sujets mis dans cet état voient et entendent, mais sont dans l'impossibilité de manifester leurs impressions. Le récit qu'ils font, à leur réveil, des scènes qui se sont passées autour d'eux, confirme le fait.

Si la mémoire des états hypnotiques ne se conserve pas, c'est parce que le courant nerveux a été détourné, qu'il ne relie plus les cellules au moi central et c'est ensuite parce que les faits d'ordre hypnique se passent sur un plan de vie différent. Mais cette mémoire peut être rappelée en remettant le sujet dans un état analogue. En un mot, autant de phases de sommeil, autant de plans d'existence et à chaque plan de vie correspond une mémoire adéquate.

L'opérateur, quel que soit le procédé adopté, est en rapport avec le sujet. Le sujet peut être également mis en rapport avec d'autres personnes. A la merci de celles-ci, il subira toutes les suggestions, et ces suggestions seront purement subjectives, et elles resteront subjectives tant que le sujet sera en rapport constant avec le ou les expérimentateurs. Quand le dégagement est suffisant, c'est-à-dire à mesure qu'on pénètre plus avant dans l'hypnose, les entités du monde astral peuvent intervenir et agir sur le sujet comme le magnétiseur lui-même.

Les phénomènes de l'hypnose sont analogues à ceux du sommeil naturel. La difficulté, comme toujours, sera de faire la distinction entre la subjectivité et l'objectivité des hallucinations.

Le sujet peut également s'auto-suggestionner et puiser dans son mental les images qu'il renferme. Il peut recevoir des communications ou des impressions télépathiques d'ordre transcendant ou même de faits physiques ou psychiques d'un lieu ou de personnes éloignées.

Ces cas plus caractéristiques peuvent être différenciés.

La description des images ou des impressions ne peut laisser de doute sur le caractère de l'hallucination, quand ces images ou ces impressions proviennent de faits faciles à contrôler.

La suggestion mentale, niée par quelques hypnotiseurs, est aujourd'hui avérée. Mais les procédés magnétiques ou combinés avec les autres peuvent seuls donner un résultat. Bien des hypnotiseurs croient ne faire que du braidisme quand à leur insu ils font du mesmérisme.

Si l'on adoptait certaines opinions, l'hypnotisme ferait des miracles, dans le sens qu'on donne vulgairement à ce mot. Si l'on refuse d'admettre l'existence d'un lien magnétique, entre le sujet et l'opérateur, tous les phénomènes de l'hypnotisme et de la suggestion sont de vrais miracles; c'est vouloir que le fusil tue ou blesse à distance sans projectile et par conséquent sans trajectoire. Il n'est pas besoin que l'opérateur ait conscience de ce lien magnétique, qu'il le voie ou le sente ; une loi naturelle n'existe pas moins, quoique nous ne la connaissions pas. L'éther admis par l'universalité des savants n'est autre chose que le magnétisme cosmique lequel se spécifie dans la hiérarchie des êtres. Il n'y a pas de vide ; il ne se conçoit pas et la science l'a démontré. Il n'y a pas de hasard, ni de miracles proprement dits ; il n'y a que des lois qui régissent tous les phénomènes, et les phénomènes ne sont que des faits isolés ou successifs *reliés* à la cause qui les produits.

Au reste l'hallucination collective provoquée en est la preuve. On peut endormir par suggestion, par le braidisme ou le mesmérisme, plusieurs personnes à la fois, ou encore le sommeil peut être communiqué d'un sujet aux autres, sans que l'opérateur intervienne. Imitation, imagination, dira-t-on. Sans doute. Mais qu'est-ce que l'imitation, qu'est-ce que l'imagination ? Et d'abord l'imitation est provoquée elle-même par l'imagination, et l'imagination, c'est la faculté de créer des images, des formes, des états, de les combiner, de les associer, de les reproduire, par conséquent de reproduire les images, les formes, les états, (attitude, geste, etc.), qu'on remarque autour de soi. L'hypnotisé qui provoque, par son exemple, l'imitation de son propre état rayonne une *aura*, un fluide, qui vient frapper ceux qui l'entourent et auquel chacun de nous est plus ou moins sensible.

Cette affirmation n'est pas gratuite. La photographie a révélé l'existence d'effluves s'échappant du corps humain, effluves qui ne sont ni la chaleur, ni l'électricité.

Mais les sujets eux-mêmes nous édifient pleinement à cet égard. Il arrive que le sujet atteint d'une affection provoque chez les autres sujets ou sensitifs, mis en rapport avec lui, les effets de cette affection, sans qu'ils en aient eu connaissance, sans qu'on puisse parler de suggestion. Il y a donc là un lien réel, quoique invisible, qui se forme. Il est vrai qu'il peut être rompu, détourné par tous les procédés, qu'il est essentiellement subtil; c'est ce qui a pu faire penser qu'il n'était qu'une hypothèse sans valeur.

Les hypnotisés, sensitifs, (tous ne le sont pas également), peuvent percevoir les effluves s'échappant non seulement du corps humain, mais de bien d'autres êtres, de métaux, de végétaux, etc. Ils peuvent les voir, les odorer; ils ont de la répugnance pour les uns, de la sympathie pour les autres; ils sont attirés ou repoussés. La suggestion n'y est pour rien. Les expériences répétées sur des sujets différents et dans des séances séparées ont démontré la réalité du fait.

Ces effluves ont pu être perçus d'une chambre à l'autre. De même des suggestions mentales ont pu être faites, hors la présence du sujet et à distance. Un courant magnétique a pu être établi, à l'insu du sujet, entre l'expérimentateur et lui. Le sujet obéit aux ordres donnés ainsi mentalement.

Les entités du monde astral agissent ainsi sur les sujets prédisposés. D'où l'obsession, la fascination. Le sujet est hypnotisé, il dort réellement, malgré les apparences. Il n'est pas en possession de ses facultés, il ne peut en disposer, il est soumis à une influence occulte. Ce n'est pas la folie ; il n'y a pas de dérangement cérébral : il y a seulement envahissement de microbes astraux, d'entités extra-physiques.

Comment différencier tous ces cas, comment déterminer la cause ? Il suffit d'un examen soutenu. Il ne faut pas se contenter de prononcer des mots : folie sensorielle, vésanie, délire, hallucination ! — Une explication raisonnée, qui tient compte de toutes les circonstances et de tous les éléments, doit être fournie, et la seule observation portant sur les expériences sagement conduites peut amener à des conclusions satisfaisantes.

Mais nous mettons au défi qui que ce soit de donner une explication claire, *intelligible* de tous les faits hypnotiques, comme de tous les faits et phénomènes naturels, si l'on n'admet l'*hypothèse* d'un fluide universel.

Les sujets mis en somnambulisme révèlent souvent des facultés supérieures à celles qu'ils ont à l'état normal. Ils font des vers, résolvent des questions de haute portée, parlent savamment de choses qu'à l'état de veille ils seraient incapables de traiter.

C'est, disent les hypnotiseurs, l'hyperesthésie de la mémoire, de l'imagination, etc. Si par hyperesthésie on entend développement extraordinaire, nous le voulons bien. Les cellules éthérisées et extério-

risées entrent en communication avec le plan astral ;
elles combinent leur action avec celles des entités
astrales ; elles rencontrent des figures, images, cli-
chés qu'elles s'assimilent et traduisent au fur et à
mesure ; elles puisent même dans l'*aura* des personnes présentes des idées-images, pensées-formes,
etc. Comme le moi, dans la phase la plus élevée du
somnambulisme, est dégagé du corps et débarrassé
des *impedimenta* qui l'alourdissent pendant la veille,
il est en rapport immédiat avec le plan psychique
où il lit, suivant ses aptitudes, comme dans un livre
ouvert. Il attire à lui tout ce qui est nécessaire à son
travail intellectuel, comme nous-mêmes, dans notre
vie normale, nous nous munissons de tous les docu-
ments nécessaires pour l'œuvre que nous voulons
entreprendre. Mais dans le plan psychique, on doit
comprendre que tout se passe avec plus de rapidité;
au reste, temps, espace, étendue, n'ont plus la même
signification, ne comportent plus la même définition
dans l'état somnambulique.

La matière radiante, l'éther, l'agent magnétique
ne tombent pas pour les sens; ils ont une puissance,
une élasticité et une subtilité telles qu'ils nous
échappent dan notre état normal. Ils sont d'une mani-
pulation autre que nos solides, nos liquides et nos
gaz. On ne peut en avoir conscience que dans l'état
somnambulique et les somnambules n'ont pas d'expression, ne trouvent pas dans le langage de quoi
satisfaire scientifiquement notre curiosité. Aussi
n'est-ce que par l'examen des effets que nous pouvons nous faire une idée des causes.

2º *Morbides*

Les sujets peuvent être atteints d'affections diverses, phlegmasies, diathèses, névroses.

Le magnétisme agit efficacement sur la plupart d'entre elles, mais associé avec les substances médicamenteuses, il est souverain.

L'hypnotisme offre des dangers, parce que, ainsi que nous l'avons dit, il est brutal ; l'expérimentateur qui ne connaît que les procédés hypnotiques parviendra sans doute à faire cesser certains états morbides ; mais s'il voulait user des procédés magnétiques, il obtiendrait des résultats bien plus satisfaisants. Là où l'hypnotisme échoue, le magnétisme réussit. La clinique nous édifie à ce sujet.

Aidé d'un somnambule bien entraîné, le magnétiseur peut déterminer le siège ou la cause d'une maladie : le diagnostic somnambulique est autrement sérieux que tout autre. L'étiologie fera un progrès immense quand on connaîtra mieux les ressources du somnambulisme.

Donner une nouvelle direction au processus nerveux, aux cellules psycho-sensorielles et psychiques dévoyées, rétablir l'ordre entre elles, ramener l'équilibre, tout cela l'hypnotisme et la suggestion peuvent l'obtenir, et encore pas toujours. Le magnétisme intervient bien plus sûrement quand il s'agit d'activer les fonctions, de les modérer ; il envoie de la force nerveuse, il donne la vie aux organes débilités. Le magnétiseur dirige sagement et progressivement le traitement.

Les hallucinations morbides se remarquent dans le sommeil provoqué comme dans les autres états. Elles se communiquent de la même façon.

Les expériences nombreuses faites sur les hystériques, les névropathes de toutes sortes, démontrent que les affections nerveuses se répercutent, par *imitation*, disent les hypnotiseurs, par *rayonnement*, dirons-nous, sur divers sujets mis en présence. Les hallucinations sont ainsi collectives et les impressions, les phénomènes sont de même ordre et de même nature pour tous.

Les entités astrales ont certainement prise dans ces états sur les sujets, si non initialement, du moins consécutivement.

Les somnambules, *des voyants* ont pu décrire l'état physiologique et mental des sujets; ils ont *vu* dans l'*aura*, des formes, des images. Mais on conçoit que l'état anarchique des cellules extériorisées est peu favorable à l'examen de ces cas morbides.

Les sujets atteints de folie soit sensorielle, soit psycho-sensorielle ou psychique sont difficilement mis en hypnose. Il s'agit en effet de capter l'attention du sub-conscient, ce qui est, on l'avouera, difficile. Mais ce qui, pour la majeure partie des cas, est presque impossible pour l'hypnotiseur deviendra relativement possible pour le magnétiseur, car l'agent magnétique agit à l'insu du sujet. Avec du temps et de la patience, son action se fait sentir. Du reste, c'est pour l'opérateur une question de puissance et de volonté.

Toutes les phases du sommeil sont obtenues chez

les sujets malades comme chez les sujets sains, avec plus ou moins de difficulté. Mais les agents dits naturels, tels que les narcotiques, ingérés, respirés ou injectés réussiront quand la magnétisation et l'hypnotisation échoueront.

Il se produit une ivresse qui n'est que la congestion de l'encéphale ou des centres nerveux; les cellules s'accumulent dans ces centres et déterminent une suractivité de vie, une agitation excessive qui par, son excès même, peut entraîner la rupture des liens qui unissent les organes entre eux. L'ivresse alcoolique n'agit pas autrement, et la mort est l'issue fatale d'une prolongation anormale de cet état. Tension énorme d'un côté, relâchement excessif d'un autre : voilà ce qu'on remarque dans les centres nerveux. Le rôle du magnétiseur consiste à rétablir l'équilibre, à ôter ce qu'il y a de trop d'un côté et à donner ce qui manque d'un autre, à charger certains organes et à débarrasser les autres.

La thérapeutique médicale nous fait connaître les propriétés et l'action des substances. On sait que ces propriétés sont diverses et qu'elles agissent tantôt sur les tissus, tantôt sur le sang, tantôt sur les nerfs de la sensibilité ou du mouvement, tantôt sur le cerveau.

Les effluves de ces substances viennent se mêler ou combiner avec l'aura de l'organisme dans ses couches plus ou moins profondes.

La médecine de l'avenir nous dira si l'homme ne possède pas à lui seul tous les pouvoirs nécessaires pour substituer son action à celle des médicaments.

Ce qu'il y a de certain, c'est que la psychothérapie
et le magnétisme font d'immenses progrès, et le
temps n'est pas éloigné où l'hygiène bien comprise
associée à la thérapeutique magnétique (qui comprend tous les modes, suggestion, hypnotisation,
passes magnétiques) suffira à prévenir et à guérir
tous les maux.

CHAPITRE VI

MÉDIUMNITÉ ET MAGISME

Dans cette étude, nous n'avons pas cru devoir
omettre la médiumnité qui a trop d'affinité avec le
sujet que nous développons.

Ce qui manque en général aux sciences psychologiques, c'est la définition claire de l'objet qu'elles
ont en vue. C'est pourquoi, nous assistons toujours
à des querelles interminables de mots et d'idées ; on
ne s'entend pas sur leur sens et sur leur portée.

Une définition précise, quoique incomplète, vaut
mieux qu'une longue théorie ou toute une disserta-
tion sur un sujet mal présenté. Avec une définition,
on sait du moins où l'on pose le pied et si l'on ne
s'en écarte pas, on a chance d'arriver au but cher-
ché qui est de se faire comprendre.

Essayons donc, et qu'on nous pardonne en faveur
de l'intention, au cas où nous n'atteindrions pas
notre but.

La médiumnité est la faculté que possèdent certains individus *d'extérioriser* leurs sensations, leurs émotions et leurs pensées, de recevoir l'impression et la suggestion soit de personnes, soit d'êtres et d'entités du plan supra-physique, de réaliser *psychiquement* (dans leur mental ou dans le mental d'autrui) ou *sensiblement* les formes-sensations (visuelles, auditives, etc.), les formes-émotives et les formes-pensées qui prennent naissance dans leur mental ou qui proviennent soit du mental d'autrui, soit d'entités supra-physiques, d'extérioriser partiellement ou en totalité leur double organique ou corps astral soit par eux-mêmes, soit par des intermédiaires, et d'agir, au moyen de ce double, qui peut tomber sous les sens et être actionné par des êtres divers, sur les organismes vivants et sur les différents corps de la nature.

Il suit de là :

1° Qu'il y a autant de degrés de médiumnité qu'il y a de degrés de veille et de sommeil ;

2° Que la médiumnité est subjective ou objective ;

3° Qu'il y a une médiumnité auto-suggestive et auto-hypnotique ;

4° Que la médiumnité auto-suggestive est la faculté de s'isoler du monde extérieur et d'évoquer une idée, une pensée, une émotion, une image, une forme subjective du sub-conscient ou du super-conscient, et la médiumnité auto-hypnotique, la faculté de dégager son moi, en laissant au sub-conscient la libre disposition du champ organique interne ;

5° Que ces deux formes de médiumnité correspondent au sommeil superficiel et donnent lieu aux scènes du rêve ; qu'elles constituent le plus souvent des états purement subjectifs ;

6° Qu'il y a une médiumnité provoquée soit par une tierce-personne, soit par des êtres occultes qui usent de procédés suggestionnistes, hypnotiques ou magnétiques, soit par l'absorption ou l'émanation de substances narcotiques et autres ;

7° Que cette médiumnité, suivant la cause qui la produit, est subjective ou objective, sensorielle, psycho-sensorielle ou psychique, suivant les qualités ou prédispositions du médium ;

8° Que le médium est en état de veille dite somnambulique ou en état de sommeil ;

9° Qu'un groupe de personnes, *faisant la chaîne*, en se tenant par la main, unies dans une même pensée, un même désir, ou simplement en état passif, détermine un courant de force magnétique ou électro-magnétique et psychique qui donne naissance à l'*âme collective* du groupe ; que les manifestations sensibles ou intelligentes proviennent de cette âme ; mais que cette âme ou courant de forces peut être capté et dirigé consciemment ou non soit par l'une des personnes qui sera le médium du groupe, soit par une entité occulte étrangère au groupe ;

10° Que le médium *à trance* qui se révèle dans le groupe peut, par l'intermédiaire de ce courant, produire des phénomènes physiques, tels que la lévitation, les apports, les matérialisations ;

11º Que les communications d'ordre intelligent peuvent être obtenues de différentes manières ; que l'origine de ces communications varie et peut être attribuée soit au médium, soit à l'âme collective, soit à une des personnes du groupe, soit à l'action télépathique de personnes éloignées ou d'êtres occultes ;

12º Qu'en l'absence de chaîne ou de cercle, le médium *en trance*, peut également produire les phénomènes susdits, quoique avec moins de netteté et de puissance ;

13º Que, pour obtenir d'une façon satisfaisante, des manifestations de tout ordre, il faut des conditions physiques, physiologiques et psychiques particulières, telles que la lumière douce, une atmosphère légère, la température moyenne, le silence, l'union sympathique, l'absence de troubles pathologiques nerveux et cérébraux chez le médium et les assistants ;

14º Que le médium suggestionné volontairement ou non par une personne, peut réaliser simplement les suggestions de cette personne, comme il peut ne réaliser que son propre rêve ou ses propres désirs ; que la présence de métaux, de substances électriques, d'aimants, des émanations odiques provenant de tous les agents naturels et extra-naturels peuvent influencer le médium et donner aux phénomènes un caractère ou une impulsion particulière :

15º Qu'il y a autant de qualités médiumniques que de qualités naturelles, physiques ou psychiques ; que les phénomènes sont en raison de ces qualités, de la puissance d'extériorisation, du degré intellectuel, moral et intuitif du médium ;

16° Qu'il y a des médiums voyant, entendant, parlant, positifs ou négatifs, attractifs ou répulsifs, bénéfiques ou maléfiques, doués de pouvoirs, divers tels que celui de guérir ou de rendre malade, de prophétiser, etc. ;

17° Que, suivant la pureté de conscience du médium, suivant son intelligence, suivant son état psycho-cérébral, les communications sont plus ou moins morales, plus ou moins scientifiques, plus ou moins claires ;

18° Que tous les états psycho-physiologiques constatés dans le sommeil naturel ou provoqué se remarquent chez les médiums en trance ;

19° Que les médiums atteints d'affections diverses, notamment d'affections nerveuses, peuvent être traités thérapeutiquement par les êtres occultes et par les vivants ; que, mis soit par eux-mêmes, soit par des tiers, en état de sommeil, ils peuvent reconnaître le siège de leur mal et désigner les remèdes ;

20° Que la folie d'ordre psychique pur ne peut atteindre les médiums d'une moralité élevée ; mais que les médiums purement instinctifs et de moralité douteuse, sont un champ de culture pour les entités mauvaises comme pour les suggestions criminelles ;

21° Qu'il y a lieu, avant de favoriser la médiumnité, de s'assurer des qualités de l'individu, de ses prédispositions, de son état d'âme ; que le médium, reconnu de mœurs pures, sain de corps et d'esprit, doit être considéré comme un instrument de grande délicatesse et par suite soustrait à toute influence ou à toute expérience de mauvais aloi;

22° Que l'expérimentateur qui recherche la vérité doit éviter d'apporter, dans les expériences, toute opinion préconçue, tout esprit de système ou toute théorie, toute préoccupation personnelle pouvant influencer le médium et se borner à l'observation scientifique. Les questions doivent être posées méthodiquement, clairement et simplement. L'ambiguïté ou l'obscurité des réponses est due le plus souvent à l'ambiguïté et à l'obscurité des questions ;

23° Qu'il ne faut pas croire aveuglément aux révélations ainsi obtenues, alors même qu'on acquerrait la certitude qu'elles émanent d'êtres supérieurs en science et en moralité, la vérité absolue ne pouvant nous être communiquée et pouvant au surplus être défigurée par le langage humain ou mal comprise par l'intelligence qui est bornée;

24° Que les causes supra-physiques sont multiples et sériées et que nous ne pouvons en juger que par leurs effets; que par suite, la vraie connaissance ne peut être acquise qu'en *passant conscie nment* dans les plans supérieurs où l'on ne fait plus de déduction ou d'induction, mais où l'on *voit* directement ; qu'il y a donc lieu d'être extrêmement circonspect quant aux hypothèses;

25° Que la passivité est la dominante dans l'état médiumnique; que, par suite le médium qui veut faire prévaloir sa volonté, c'est-à-dire réagir contre son état passif en faisant intervenir activement son *moi*, doit faire appel à son énergie psychique propre et au Soi ou forces supra-conscientes ; mais que cette réaction est très rarement possible par suite de la constitution du médium dont le caractère est la passivité ;

26° Que le médium ne peut parvenir aux plans supérieurs que par l'intervention active des entités de ces plans, par sa parfaite soumission à la Volonté rectrice de l'Univers, son détachement des choses extérieures et son aspiration à l'amour universel.

Ces propositions se trouvent vérifiées par l'observation expérimentale. Les hallucinations subjectives ou objectives deviennent perceptions externes ; les êtres, formes, images, etc., générés dans le mental, dans les plans organo-internes ou dans les plans supra-physiques cessent d'êtres perçus sur ces plans par les facultés internes pour se manifester aux sens et pouvoir être soumis aux instruments physiques qui constatent la réalité, la qualité, la puissance de la manifestation.

Il y a des individus qui possèdent la faculté de s'élever par eux-mêmes consciemment dans les plans éthérés ; à l'encontre des médiums dont la polarité négative est la dominante, ces personnes que nous dénommerons mages ou médiums actifs, peuvent, en vertu de leur polarité positive dominante, influencer consciemment les médiums passifs, entrer en communication directe à leur volonté avec les êtres occultes, dominer les courants de force astrale, éviter les suggestions ou les influences diverses, s'emparer des forces élémentaires et les faire servir à leurs desseins.

Mais il y a des magiciens de ténèbres, comme il y a des médiums de ténèbres. Les premiers sont des destructeurs actifs, les autres des instruments de destruction dont peuvent se servir les hommes et les êtres occultes.

Ces considérations nous amènent à formuler les propositions suivantes :

1° Le caractère commun au mage et au médium de lumière est marqué par leur amour de tous les êtres qu'ils identifient avec eux-mêmes et avec l'Être universel, par l'abandon de leur personnalité externe et leur désir constant de faire le bien pour le Bien ;

2° Le caractère du magicien et du médium ténébreux est marqué par les qualités contraires ; mais, tout ayant sa raison d'être, ils servent malgré eux à la réalisation finale par leur pouvoir de destruction des éléments dissociables sur lesquels ils exercent leur action, préparant ainsi les sélections successives ;

3° L'humilité est l'apanage des mages et médiums de lumière, l'orgueil celui des autres ; l'humilité, comme l'orgueil, est active ou passive ; le critérium de l'orgueil se révèle dans l'amour du pouvoir et le critérium de l'humilité dans le mépris du pouvoir ;

4° Les magistes et les médiums de ténèbres ne peuvent égarer les hommes de bonté et de vérité, pas plus que l'ombre ne peut éclipser la lumière ;

5° Les mages et les médiums de lumière ne peuvent et ne veulent faire violence à aucune conscience, aussi perverse qu'elle soit, pour la ramener au bien ; ils ont pour mission simplement d'instruire et d'inspirer ;

6° La trans gression des lois naturelles et supra-naturelles qui sont toutes d'harmonie amène la souffrance qui est le signe de la violation des lois; l'observance de ces lois procure la paix et les jouissances pures ;

7° Il est, par suite, essentiel de connaître ces lois, afin de parvenir au bonheur, but final, qui est la participation consciente à l'Harmonie universelle ;

8° Tous les procédés d'investigations expérimentales et métaphysiques dérivent d'une seule et même logique s'appuyant sur le même principe de l'Universelle Intelligibilité ;

9° Le raisonnement basé sur l'observation et sur l'intuition conduit à l'analogie et l'analogie à la conception de l'Unité ;

10° Tous les systèmes philosophiques et scientifiques révèlent l'isomérisme universel ; physiciens, dynamistes, mécanicistes, organicistes, chimistes, vitalistes, animistes, sensualistes, idéalistes, ponthéistes, monothéistes, déistes, expriment le phénoménisme ; mathématiciens, métaphysiciens, ésotéristes, expriment le nouménisme; quantité et qualité sont les deux aspects phénoménique et nouménique de l'Univers ;

11° L'esprit humain qui est une réduction de l'Esprit Universel contient potentiellement toutes les vérités, comme l'organisme humain est lui-même une réduction de l'organisme universel dont il n'est que le reflet ; par suite, connaître les lois de la pensée et de l'organisme humain, c'est connaître la Loi Universelle, ce qui est exprimé par les anciens dans le *Connais-toi toi-même ;* se connaître soi-même, c'est connaître la cause finale, et par suite arriver à la synthèse ; la connaissance exacte de la cause finale rend raison des inégalités et des oppositions, apparentes qui disparaissent dans la Réalité transcendantale et nouménale ; le désordre, la souffrance, le malheur, ne proviennent que de l'ignorance de la Loi et sont des états subjectifs créés par l'individu ou une collectivité qui, perdant de vue l'ensemble, veut rapporter tout à elle ; la science totale démontre que les hommes sont comme les cellules d'un même organisme, que la souffrance des unes se répercutent sur les autres, et énonce ainsi la loi de la solidarité universelle ; par suite, travailler pour les autres, c'est travailler pour soi ; la vie terrestre n'étant qu'une station dans le processus de la vie universelle se continue au-delà de la mort physique ; de même que la cellule du sang se transforme en cellule nerveuse et la cellule nerveuse en cellule pensante, de même l'homme poursuit ses transformations dans le cycle éternel ; ainsi la solidarité humaine se continue dans la succession des existences ; de même que la cellule pensante est supérieure en puissance aux autres cellules, de même l'entité humaine évoluant sur des plans de vie successifs grandit en puissance ; cette puissance s'affirmant par des actes intelligents, n'est que la cons-

cience de plus en plus nette de l'Harmonie à laquelle
elle coopère fonctionnellement, en conformité de
la Loi Universelle qu'elle est parvenue à saisir.

Il est inutile d'insister sur le caractère des hallucinations produites par la médiumnité. Ce que nous
avons dit dans les chapitres précédents est suffisamment explicite et on pourra appliquer à l'étude
du fait médiumnique la méthode que nous avons
suivie pour l'étude de l'hallucination en général.

Il n'entre pas dans notre cadre d'énumérer et d'a-
nalyser tous les cas médiumniques. Tout au plus
pourrions-nous nous permettre de les différencier
des cas hypnotiques et de suggestion.

— La tâche nous paraît lourde et elle est d'autant
plus lourde qu'en notant ces différences nous serions
précisément amené à formuler des lois, ce qui n'est
pas en notre pouvoir. Et ces lois différentielles sont
d'autant plus difficiles à formuler que le médium
peut être à la fois un sujet magnétique ou hypnotique, comme il est par dessus tout essentiellement
suggestible et sensitif ; nous risquerions donc d'être
inexact ou tout au moins obscur.

Le fait médiumnique est complexe ; il peut être à
la fois *suggestif* et *hypnotique*, il peut être provoqué
à la fois par le sub-conscient, par la vibration psychique des assistants, et par les entités occultes.

Chaque manifestation doit faire l'objet d'un examen spécial et on doit avant tout s'abstenir de
systématiser et de conclure du particulier au général.
L'illusion est malheureusement trop fréquente et
l'esprit de système la favorise.

Il y a, dira-t-on, une loi connue : c'est que là même cause produit toujours les mêmes effets. Nous le voulons bien; mais sont-ce bien toujours les mêmes effets, des effets *identiques* qui sont obtenus dans le même ordre d'expériences? Là est la question.

Pour arriver au critérium dans chaque série d'expériences, dans chaque ordre de phénomènes, il faudrait avoir plusieurs catégories de médiums, soigneusement sélectés, gardés à vue, tenus constamment à l'écart de toute influence des milieux, et soumis à un régime qui leur procurât la tranquillité, le bien-être physique et moral. Trois ou quatre personnes au plus, ayant l'esprit observateur, possédant des connaissances suffisantes, seraient chargées des expériences; elle pourraient s'adjoindre d'autres personnes, mais comme simples aides. Il va de soi qu'un courant de sympathie devrait d'abord être établi entre eux tous, médiums, expérimentateurs et aides.

De cette façon, en serrant de près tous les faits, en les répétant, en les multipliant, en les contrôlant, il serait possible d'arriver sinon à déterminer d'une façon absolue les causes, du moins à classer les faits et à leur donner leur signification exacte. De la classification, et de la signification des faits on pourrait conclure, par voie d'induction, à la classification et à la *nature* des causes. Nous disons bien *nature*, la cause *individuelle* ne pouvant être affirmée d'une façon absolue. Expliquons-nous. Tel phénomène, par exemple, est dûment attribué à une entité du monde occulte : cette entité se présente, elle déclare avoir été un désincarné ; elle fait connaître son nom, le lieu qu'elle a habité, les diverses circonstances de sa vie terrestre ; son écriture, son style sont les mêmes ; elle révèle des faits connus d'elle seule et qu'on peut vérifier ; elle se matérialise même, elle apparaît telle qu'elle était de son vivant ; on peut la photographier. Voilà une série de faits qui semblent bien prouver invinciblement l'identité de la personne.

Pour nous, nous nous contentons d'une pareille accumulation de preuves, et nous n'hésitons pas à affirmer l'identité de l'agent.

Cependant avons-nous bien la certitude mathématique ; ce que nous avons sous les yeux, ce que nous entendons et ce que nous touchons correspond-il à une réalité *nouménique*? Le critérium du réel est le permanent. L'être que nous avons devant nous n'est pas permanent, permanent pour nos investigations, pour notre examen, permanent avec ses qualités externes ; il n'appartient pas, en un mot, à notre plan d'existence, il n'est pas homologue à nous-mêmes. Son identité ne peut par suite être démontrée comme on démontrerait l'identité d'une personne vivante, que nous voyons tous les jours et avec laquelle nous participons à la même vie, aux mêmes conditions biologiques.

Tout ce que nous pourrons affirmer, c'est que l'agent appartient à un autre plan d'existence que le nôtre, une fois, bien entendu, que les autres causes auront pu être écartées.

On pourra nous objecter que, dans ces conditions, il nous est aussi difficile de prouver la réalité des personnes et des choses de notre monde que de prouver notre propre existence. Nous pourrions répondre que notre personnalité externe ne décèle pas à *priori* l'existence de notre personnalité interne, de la conscience, et que ce n'est qu'à *posteriori*, c'est-à-dire après avoir établi un courant psychique, par un échange d'idées entre nos *moi*, que nous pouvons affirmer la réalité du *moi*. Dans le phénomène médiumnique qui nous occupe, c'est l'inverse; je puis constater l'identité du *moi* qui se manifeste par des faits objectifs et par la vérification des traces qu'il a laissées sur la terre; mais qui me dit que cette entité n'a pas emprunté, au moyen de procédés chimiques transcendants, à nous inconnus, le caractère, la mémoire, l'habitude qu'elle révèle, à des éléments puisés çà et là dans les milieux divers pour constituer une personnalité semblable en tous points en apparence au désincarné ?

L'objection que nous avons supposé nous être faite ne peut ici avoir la même valeur, puisque la personne en chair et en os vit de notre vie, possède un organisme identique dans ses manifestations périodiques, que nous pouvons l'entretenir d'une façon permanente, que nous pouvons la voir mourir, que nous pouvons voir son cadavre, cadavre que nous pouvons conserver et voir se décomposer.

Disons, si l'on veut et pour couper court à toute discussion, que, dans les deux cas, nous n'avons que des apparences et que le critérium de l'identité nous fait défaut dans notre état actuel ; que nous ne le trouverons, comme nous trouverons tout critérium, que dans les plans de vie supérieurs où la conscience n'est plus limitée, où la connaissance phénoménique fait place à la connaissance nouménique.

L'entrée de ces plans supérieurs ne nous est pas interdite ; on peut y pénétrer consciemment, en étudiant les forces occultes, en sachant les capter et les soumettre, en concentrant toutes ses facultés actives par la volonté dans le champ de conscience.

Tous les êtres et tous les plans sont sériés physiquement et psychiquement. Pour passer d'une série à une série supérieure, en partant de notre plan actuel, il faut développer la vue interne, et on obtient ce développement par la méditation active, par le désir, l'aspiration, par *la volonté éclairée*.

Par la méditation, qui est l'examen interne des faits nouméniques de la conscience se repliant sur elle-même, on parvient à la connaissance subjective, par le désir, qui est l'effort constant de l'âme qui tend à rapprocher son état subjectif interne de l'état objectif des êtres supra-physiques, on arrive à la connaissance objective ; par l'aspiration, qui est l'effort de la conscience ou de l'esprit spéculatif qui tend à s'identifier avec l'Esprit Universel, on parvient à saisir les lois universelles ; dans tous les cas la volonté, affranchie du monde extérieur et des vaines apparences, doit toujours être *tendue* vers ce but. En un mot il faut *faire l'Education de la VOLONTÉ*.

Mais l'homme, qui parvient ainsi à la délivrance, n'y

parvient pas par ses propres forces et de lui-même. Il a bien dû par l'étude, par la tension de ses facultés, préparer sa voie ; mais il doit être aidé par d'autres, par ceux qui sont arrivés ou par les puissances supérieures.

Dans la médiumnité, dans les états de suggestibilité et d'hypnose, on constate l'automatisme du sujet, non du *moi*, mais du sub-conscient. Dans la magie, le *moi* entraîne avec lui le sub-conscient qui participe ainsi à la vie supérieure de l'*être voulant* qui se sert de lui comme de forces qu'il a pu soumettre.

Mais il y a des degrés dans le pouvoir magique comme dans la conscience, et tous les étudiants de l'occulte ne parviennent pas au plus haut degré, en sorte qu'il ne faut pas accorder toute créance aux révélations ou aux renseignements qui nous viennent d'eux. Ils peuvent nous donner des preuves de leur puissance et de leur savoir ; mais il faudra se prémunir contre l'illusion et la fascination qui ne sont qu'un jeu pour la plupart d'entre eux.

En dernière analyse, concluons que l'examen scientifique des phénomènes peut conduire à des résultats satisfaisants et capables à lui seul, de déterminer leur origine. Cet examen a eu lieu dans maintes circonstances, et le doute, quant à la réalité du fait médiumnique, n'est plus possible.

Ce que nous devons rechercher, c'est la connaissance exacte des lois qui régissent ces phénomènes : ce sera la tâche d'un avenir plus ou moins éloigné.

CONCLUSION

Ainsi qu'on l'a vu, il n'y a pas d'hallucination dans le sens qu'on donne à ce mot ; on ne peut voir, entendre, sentir, toucher, décrire ce qui n'existe pas. On ne peut que se tromper sur l'origine, la qualité ou la forme : c'est alors l'illusion.

Toute la difficulté réside dans la différenciation des cas hallucinatoires. Tous les êtres de la nature visible et invisible s'influencent réciproquement. Le Subjectif et l'Objectif, le Moi et le Non-moi, le fait physique et le fait psychique se mêlent, s'enchevêtrent et se confondent parfois.

Il n'y a pas de vide, il n'y a pas de néant, il n'y a rien d'abstrait ni de concret comme nous l'entendons ; rien ne meurt, rien ne se perd. Les éléments divers s'associent, se séparent, se fractionnent, puis se reconstituent sous de nouvelles formes et de nouvelles combinaisons.

Les plans physique, animique, psychique n'ont pas de démarcation, et on ne peut dire pertinemment quand l'un commence et quand l'autre finit.

Tout est *essence*. C'est l'Idée Universelle incluse dans la Substance-Universelle qu'elle meut suivant une Loi immuable.

Essence et Substance se révèlent à nous par l'Intelligence ou Noumène et par le Phénomène

10.

mécanique, chimique, dynamique, magnétique, psychique, qui obéit à la Loi.

La substance est une ; mais elle est susceptible de modalités indéfinies.

Elle est l'âme, la force, la matière, et tout cela réuni, c'est la Vie Universelle : ce sont des modes d'existence et de manifestations de puissance différente d'une seule et même substance.

La substance est Formelle ; les entités diverses qui se révèlent avec leurs corps, leurs figures, leurs expressions, leurs lignes, sont des monades ou groupement d'atomes substantiels qui s'assimilent, en la modifiant, la quantité de substance qui leur est nécessaire pour leur fin particulière. Les Formes ne sont que le signe d'une idée.

La Substance Universelle est aussi la Conscience Universelle qui se manifeste dans les Consciences particulières dérivant d'elle. Cette Conscience veut et aime l'Harmonie ; elle est libre, parce qu'il n'y a a pas de conscience sans liberté ; elle est nécessaire, parce qu'elle est l'Intelligence sans laquelle l'ordre n'est pas ; elle est l'Harmonie parce qu'elle est l'Amour, et elle est l'Amour, parce qu'elle est la Félicité suprême et qu'il n'y a pas de félicité hors l'Amour.

Les êtres de tous les règnes et ce qu'on est convenu d'appeler la matière brute contiennent toutes les potentialités, puisqu'ils font partie du Tout. Mais ces potentialités ne deviennent des actes que sous l'influx de la Conscience Universelle.

Tout part d'une source unique et tout y remonte :

l'analogie dans les phénomènes naturels nous l'indique.

Les monades ou cellules de l'Être Universel sont hiérarchisées fonctionnellement. Elles sont conscientes ou sub-conscientes; les sub-conscientes, sous l'action de l'Être Universel, tendent à devenir conscientes, et les passives à devenir actives, tout en conservant leurs fonctions propres.

La monade parvenue à l'état conscient ne peut plus perdre sa conscience qui est une force indissociable. Seuls les atomes de substances, en tant que formes sub-conscientes peuvent être dissociés et transformés jusqu'à ce qu'ils parviennent à l'état conscient.

On peut dire du Macrocosme ce que nous avons dit du Microcosme : c'est un composé d'êtres vivants agissant dans un but déterminé : *l'harmonie universelle*.

Temps et espace, ne sont que des modes de l'Eternel Présent. Etendue, Mouvement ne sont que des modes de la Vie Eternelle.

Lumière et ombre, jour et nuit, veille et sommeil se succèdent avec régularité, mais sans transition brusque; il y a la pénombre, le crépuscule, la somnolence : d'où la gradation lente des séries.

L'ombre accuse toujours la présence de la lumière qui n'est qu'occultée; le sommeil accuse toujours la présence de *quelque chose* qui veille, la conscience, qui est également occultée. Lumière et conscience ne font que changer de plans; mais ces plans sont toujours reliés entre eux. Et quand nous parlons de plans, nous ne sommes pas dans la réalité ; il n'y a en réalité qu'un plan de vie ; nous devrions dire plutôt : les modes de fonctionnement des êtres dans le Plan de Conscience Universelle.

La conscience fonctionne donc alternativement en mode *éveillé* et en mode *endormi* ; mais sans qu'il soit possible de noter le point exact où commence réellement le sommeil. Car, nous le savons, ce que nous appelons *veille* n'a rien d'absolu. La pénombre et le crépuscule nous donnent une idée des divers états de veille et de sommeil.

Il s'ensuit que vouloir établir une classification de tous les états avec leurs caractères propres et tranchés est chose impossible. On ne peut que poser des jalons, indiquer des points de repère, en groupant les faits par séries.

L'observation soutenue des faits, leur analyse et leur comparaison, voilà ce qui nous permettra non de poser des principes absolus, mais d'attribuer à chaque manifestation le caractère et l'origine qui lui conviennent : d'où la possibilité de connaître sinon les lois, du moins la méthode et les procédés les plus sûrs pour nous rapprocher de la vérité.

TABLE DES MATIÈRES

Chap. I. Considérations générales.   9

   I. De l'état psycho-physiologique.   9

   II. L'homme éveillé 16

   III. L'homme endormi 20

   IV. Considérations sur la folie et l'idiotisme . 26

   V. L'homme dans la nature. 31

   VI. Exposé des opinions. 35

   VII. Théorie de l'hallucination 40

Chap. II. L'homme éveillé 46

   I. Hallucination subjective individuelle d'origine sensorielle 46

     1° Normale 46

     2° Morbide. 48

   II. Hallucination subjective collective d'origine sensorielle 55

     1° Normale. 55

     2° Morbide 56

   III. Hallucination objective individuelle d'ordre sensoriel 56

     1° Normale. 56

     2° Morbide 60

   IV. Hallucination objective collective d'ordre sensoriel, normale et morbide. 61

   V. Hallucination subjective individuelle d'ordre psycho-sensoriel. 61

     1° Normale. 61

     2° Morbide 64

   VI. Hallucination subjective collective d'ordre psycho-sensoriel 72

     1° Normale 72

     2° Morbide 73

VII. Hallucination objective individuelle d'or-
    dre psycho-sensoriel   74
    1° Normale.   74
    2° Morbide   78
VIII. Hallucination objective individuelle d'or-
    dre psycho-sensoriel   79
    Normale et morbide   79
IX. Hallucination subjective individuelle d'or-
    dre psychique.   81
    1° Normale   81
    2° Morbide.   89
X. Hallucination subjective collective d'ordre
    psychique.   91
    Normale et morbide   91
XI. Hallucination objective individuelle d'or-
    dre psychique.   93
    1° Normale.   93
    2° Morbide   97
XII. Hallucination objective collective d'ordre
    psychique.   100
    Normale et morbide.   100
CHAP. III. Télépathie   103
CHAP. IV. L'homme endormi naturellement . . .   108
    Hallucinations de toute nature   108
    1° Normales.   108
    2° Anormales et morbides   124
CHAP. V. L'homme endormi artificiellement . . .   131
    Hallucinations de toute nature   131
    1° Normales   131
    2° Morbides   154
CHAP. VI. Médiumnité et magie.   157
    CONCLUSION.   173

PARIS. — IMPRIMERIE A. MALVERGE

171, Rue Saint-Denis

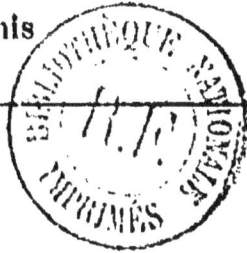

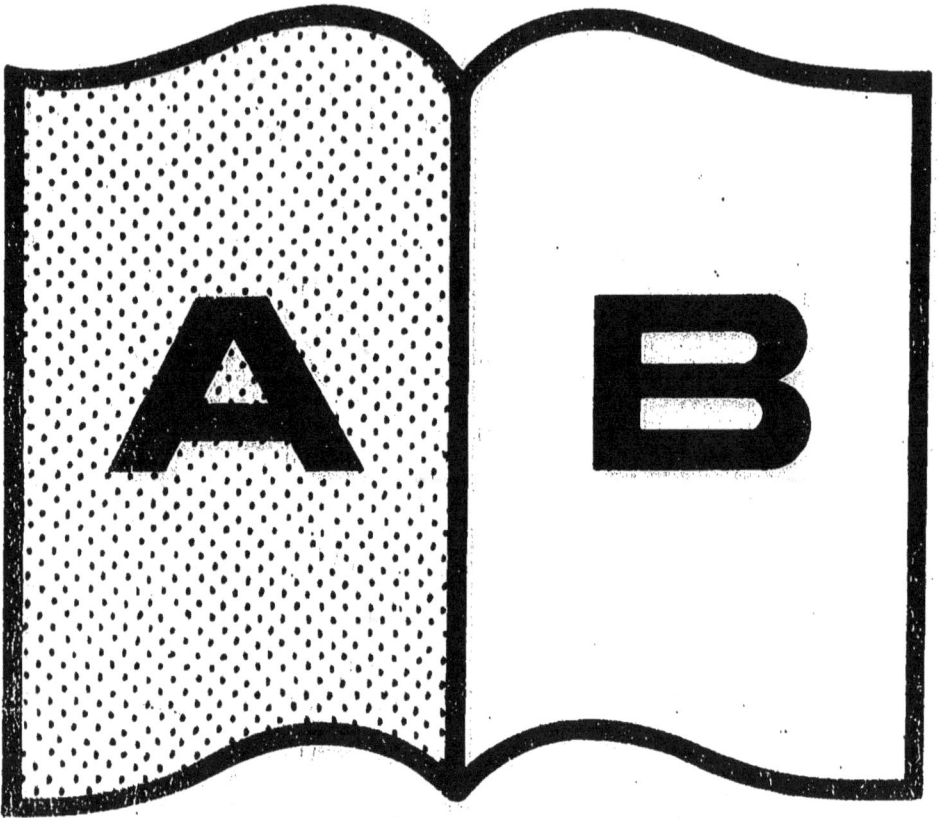

Contraste insuffisant

NF Z 43-120-14

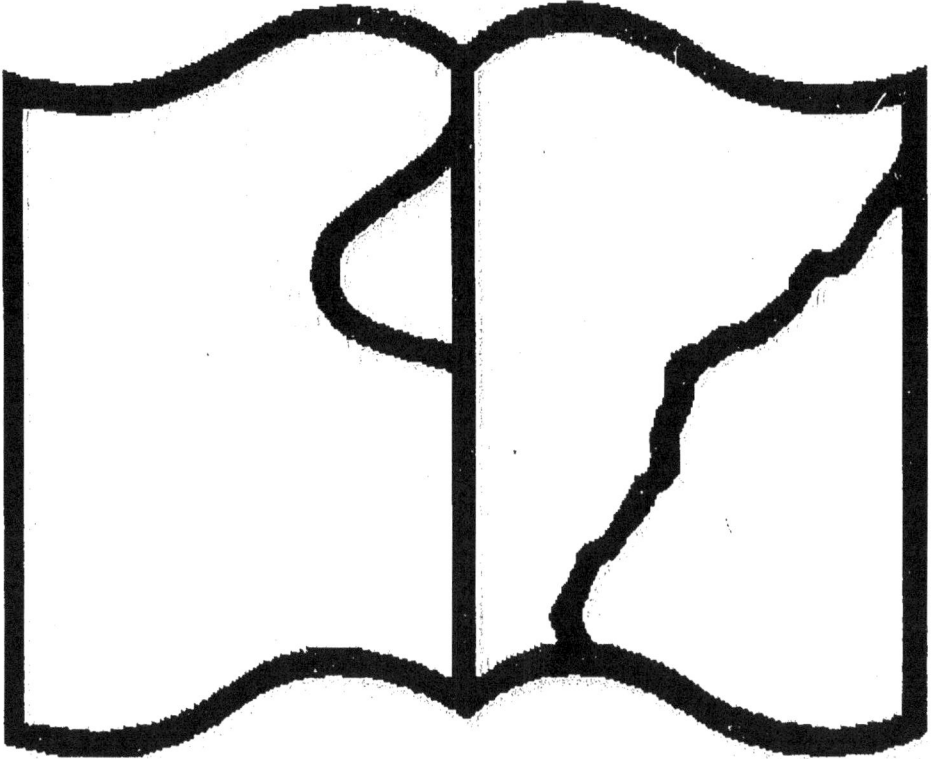

Texte détérioré - reliure défectueuse

www.ingramcontent.com/pod-product-compliance
Lightning Source LLC
Chambersburg PA
CBHW072239270326
41930CB00010B/2194